Las Doce Claves

Doce habilidades y estrategias imprescindibles para emprender con éxito

Rafael Gómez Blanes

Primera edición - Noviembre de 2020 - #01#
Rafael Gómez Blanes - Copyright © 2020
Todos los derechos reservados
Las Doce Claves
Doce habilidades y estrategias imprescindibles
para emprender con éxito
www.rafablanes.com
ISBN: 9798558320466
Foto portada: Foto portada: Jordan Madrid (Unsplash)
Editado por Hub de Libros
www.hubdelibros.com

A mis padres, hermana y mis hijas, Luna y Beatriz
A mi pareja Mercedes
A todos aquellos autores que tanto me han enseñado,
entre ellos Raimon Samsó

Índice

Introducción 7

#1 El Poder de las Microtareas 15

#2 Kaizen 23

#3 Trabaja Concentrado 31

#4 Metodología Lean 37

#5 Sistemas y Rutinas sobre Objetivos 45

#6 Dudas 51

#7 Analíticas 55

#8 Disciplina 61

#9 Afilando el Hacha 67

#10 Economía Gig 73

#11 Procedimientos 79

#12 Simplifica 85

¿Cuándo Termina un Proyecto? 91

Tres, dos, uno… 97

Epílogo 103

El Autor 109

Bibliografía 115

Otros Trabajos de Rafael Gómez Blanes 119

Si Te Ha Gustado Este Trabajo. 127

Introducción

«Me lo contaron y lo olvidé,
lo leí y lo entendí, lo hice y lo aprendí»
Confucio

«El papel todo lo aguanta,
pero siempre deberás probar y refinar.
Y luego volver a refinar, sin cesar,
en un proceso kaizen de mejora continua»
Raimon Samsó

«Primero lo hago y luego lo cuento»

Es una frase que suelo oírle decir a Raimón Samsó, uno de mis autores favoritos, emprendedor y un gran coach, autor de libros que van desde cómo conseguir la libertad financiera hasta de desarrollo espiritual, demostrando que es una persona polifacética y cuyas habilidades y conocimientos son de lo más eclécticos.

Y eso es, precisamente, lo que necesitamos ser para emprender con un gran proyecto y que éste funcione y nos genere la rentabilidad esperada (del tipo que sea, económica o no).

A mediados de 2020, lancé «El Arte del Emprendedor Digital», un trabajo a medio camino entre técnico y de desarrollo personal en donde describí cómo desarrollé «Hub de Libros» (uno de mis proyectos más recientes), tanto a nivel técnico de arquitectura software como organizativo, junto con esas otras habilidades de desarrollo personal.

Dado el interés que este libro ha despertado, he extraído de él para un público más general, todas esas cuestiones clave del emprendimiento que considero más importantes, desarrollándolas un poco más y dejando de lado todo lo técnico como desarrollador de software profesional que soy. De ahí nace «Las Doce Claves del Emprendimiento».

Por esa razón pongo como ejemplo en este libro mi proyecto «Hub de Libros» (www.hubdelibros.com), porque es la criatura que ha nacido después de aplicar las doce claves que leerás en las siguientes páginas. En el momento de escribir esto, este proyecto emprendedor incluye ya un catálogo de miles de libros, miles de autores, se generan nuevas opiniones sobre libros a diario y semanalmente crece su número de usuarios, entre otros datos sobre su crecimiento.

El propósito de este trabajo no es hablar de «Hub de Libros», que considero el proyecto más ambicioso y técnicamente más complejo que he realizado hasta ahora, sino describir las habilidades no técnicas que entiendo que me han sido más útiles durante los meses en que trabajé duro hasta lanzar la primera versión, compatibilizándolo además con el resto de responsabilidades profesionales y personales.

Se puede emprender, claro, incluso si parte de tu tiempo lo dedicas a otro tipo de actividad.

Trabajar en un proyecto emprendedor, sin forma de saber si funcionará en el mercado y sin tener idea de hacia dónde te llevará, también implica una forma específica de afrontar y entender el trabajo. Esto es, te hartas de dedicar horas sin saber con exactitud qué retorno vas a obtener: puede que la recompensa multiplique tus expectativas, o todo lo contrario.

Bienvenido al juego del emprendimiento.

Sin embargo, esto es lo importante: siempre hay un retorno.

Lo relevante no es el resultado, sino lo que vas descubriendo durante el proceso mismo de ejecución del proyecto.

Puedo decir que después de este último año realizando Hub de Libros, soy mejor profesional, he aprendido ciertas técnicas mejores de desarrollo de software, he materializado mejor ciertas ideas semilla que ya puse en marcha en proyectos anteriores y algunas ramificaciones de este trabajo me han generado sorpresas y nuevas oportunidades. Y puede que lo mejor de todo es que lo haya hecho con poco «esfuerzo», porque ¿se puede llamar trabajo a algo que uno hace por pura pasión?

También he sentido dudas, en ocasiones me sentí abrumado, inseguro, un poco perdido, pero poco a poco, teniendo en cuenta las claves sobre las que vas a leer a continuación, volvía a enderezar el rumbo y a ir completando tareas que me permitían avanzar cada vez más rápido y motivado.

Antes de continuar, quiero que tengas claro algo importante: ningún proyecto emprendedor «termina» en algún momento.

En la creencia popular existe esa imagen de que cualquier proyecto comienza, se ejecuta, se termina y a recoger beneficios sentado en una playa tropical tomando un daikiri. Nada más lejos de la realidad.

Un proyecto como Hub de Libros, al igual que muchos otros, del tipo que sea, siempre son pruebas de concepto (experimentos) que en algún momento tienes que validar.

¿Quién lo valida?

Los usuarios, quién si no.

¿Cómo lo validas?

Con datos, claro.

¿Y por qué es en cierto modo un «experimento»?

Porque hasta que no obtengas una respuesta de eso que llamamos «el mercado» (los usuarios), su «feedback», comentarios y opiniones, no sabrás hasta qué punto lo que has hecho tiene cierta viabilidad.

Esto es, el proyecto tiene que estar diseñado para recabar

datos que luego van a ser analizados para tomar decisiones, mejorar, cambiar esto por aquello, pivotar (más adelante te enseñaré qué es esto). Gran parte del trabajo se dedica a ese análisis, tanto si vendes un producto muy concreto en una tienda de barrio como si tu mercado es global y vendes productos y servicios digitales.

En todo esto se basa la metodología «lean», de la que hablaremos mucho en las siguientes páginas.

Por otra parte, la forma de trabajar en algo que requiere de muchas horas de dedicación en intervalos discontinuos, quizá una o dos horas un día, cuatro un día de fiesta o un rato más un fin semana, quitándole tiempo al sueño y a las vacaciones, también requiere de una metodología de trabajo específica (y de cierta dosis de desarrollo personal). Esa discontinuidad, más que ser un handicap, presenta ventajas, puesto que al realizar las cosas poco a poco, tienes más tiempo para «pensar» entre medias, analizar proyectos similares y recabar ideas nuevas que terminarás incorporando (lo que en uno de los capítulos denomino «afilar el hacha»).

Pienso que para emprender en un proyecto y dedicar tantas horas e incluso invertir dinero en algo que a priori no sabes qué resultado generará, tienes que tener algunas ideas muy claras:

- Un esfuerzo así surge porque haces algo sobre un tema que te gusta y apasiona, obtener beneficios es tan solo uno de los resultados. Sin la motivación adecuada, lo abandonarás antes de comenzar. En mi caso con Hub de

Libros, no podría concebir la vida sin la lectura, la literatura y la escritura. De hecho, una de las áreas profesionales a las que me dedico es la publicación de libros, como éste.

- Ese camino que tomas te abrirá otros que no tienes ni idea de hacia dónde te conducirán, pero que, normalmente, merecen la pena: nuevas ideas, nuevos contactos, propuestas de colaboración, etc.

- Por último, el proceso es más importante que el resultado, porque éste depende de aquel y, si lo haces bien, tendrás la habilidad de modificar el resultado evolucionando tu proyecto con toda la información que recabes del mismo. Me explayaré en los próximos capítulos acerca de la importancia de ese «proceso» y de todas sus facetas.

Tu trabajo como emprendedor no consiste en terminar un proyecto, sino en refinar continuamente el proceso con el que lo realizas y avanzas en él hasta que llega un momento en que el mismo proyecto ya no te necesita para funcionar, esto es, tienes que construir un sistema que sea delegable en otras personas como único modo de crecer. En cierto modo, tu trabajo es diseñar el sistema para que trabaje sin ti, aunque al comienzo tengas que hacer un poco de todo. Esta idea tan importante como necesaria influye en el modo en que construyes tu proyecto o negocio. No cometas el error de crearte un autoempleo, no te quedes ahí solo.

Cuando hablo de «proceso», me refiero a los pasos que sigues para que avance el trabajo, con obstáculos, con dudas, con incertidumbres y pequeñas victorias, luchando en ocasiones contra ti mismo. Por esa razón, emprender un proyecto sobre algo que te gusta y superar tus inseguridades, pereza y la falta de disciplina que pueden aparecer en algún momento, es también un camino de desarrollo personal del que hablaré en los siguientes capítulos, al menos de las estrategias que a mí me han funcionado.

He trabajado duro tanto en Hub de Libros como en otros proyectos anteriores, pero en ningún momento he sentido que «he sacrificado nada» por desarrollarlos. Me explico.

He comprobado una y otra vez que solo puedes brillar en tu profesión si también brillas en otras áreas de tu vida. Y se puede tener todo a la vez. Ese es, al menos, mi propósito: de nada me serviría un gran proyecto si no puedo compartir sus frutos con mi familia, y al revés, tampoco podría centrarme en un proyecto exigente como Hub de Libros y el resto de mis responsabilidades si no tuviese esa armonía en otras áreas vitales.

Este es mi octavo libro después de lanzar cinco de carácter técnico y dos novelas, modelado para un público más general, y quizá el de más índole personal, porque entiendo que sin una gran motivación, convencimiento y disciplina durante todos estos meses, no habría podido liberar una primera versión decente de Hub de Libros.

Si Hub de Libros está creciendo del modo en que lo está haciendo actualmente (en usuarios y funcionalidad) es así porque te aseguro que antes he fracasado en algunos proyectos y tenido éxito en otros, pero de todos ellos he aprendido todo lo que he podido, en ocasiones sin saberlo y sin valorar el profundo conocimiento adquirido con cada error.

Otras veces ese aprendizaje viene de la mano de mucha frustración y decepción (y de haber perdido algo de dinero), aunque ahora todo ello lo veo como necesario y forma parte del juego, tan solo aprendí, quizá de una forma dolorosa, lo que no funcionaba.

Pero seguí adelante.

Puesto que esto también va de la mano de cierto modo de trabajar, también voy a describir las técnicas de productividad que a mí me resultan muy útiles y todo lo que he descubierto por el camino, como kaizen, gestión de microtareas y la creación de una matriz simple de procedimientos. Quizá hasta te guste pertenecer al «Club de las 5 a.m.».... Todo eso son claves esenciales que explico en los siguientes capítulos.

Después de la buena acogida de mis libros anteriores, confío en que este trabajo, que es una mezcla de desarrollo personal y de emprendimiento (si es que acaso no es lo mismo), también te ayude en tus propósitos y futuros proyectos.

#1 El Poder de las Microtareas

Hace muchos años trabajaba para una compañía en la que hacíamos proyectos de muchos tipos, tanto nacionales como internacionales. Se trabajaba duro, se tenían demasiadas reuniones, algunas improvisadas en las que se tomaban decisiones «al vuelo» que generaban un impacto importante y que podían ser canceladas en la siguiente reunión. También era habitual que llegara los lunes a la oficina y no supiera exactamente con qué me iba a encontrar.

Esto es, vivía estresado sin saber bien por qué; yo pensaba que esa era la forma normal de trabajo y puesto que me había integrado en el mundo laboral hacía poco, ni siquiera cuestionaba nada de lo que veía, me dejaba llevar sin pensar demasiado en toda esa falta de organización (y de planificación). A pesar de ello, la compañía sacaba adelante los proyectos y generaba clientes e ingresos, aunque ahora me pregunto si estaban en su máximo potencial posible y si la satisfacción laboral de los empleados podría haber sido mucho mejor.

Comencé mi carrera profesional con experiencias muy positivas pero también adquiriendo algunos vicios que años más tarde tuve que corregir.

Como consecuencia de esa forma de trabajo puse algo de peso (los largos horarios me impedían tener tiempo para hacer ejercicio) y estaba pegado al correo electrónico demasiadas horas al día. Esto es, la herramienta de organización era... el correo electrónico.

El asunto se puso más feo cuando comencé a hacer trabajos y proyectos por mi cuenta fuera del horario laboral (tardes, noches y fines de semana), tan solo para cubrir ciertas inquietudes personales, de modo que pronto me planteé la necesidad de optimizar tiempos e hice lo único que se puede hacer cuando tienes un problema e intuyes que hay algo que te falta por saber: me compré libros, leí artículos y visité muchos blogs y canales en youtube.

Ahora tengo claro lo siguiente: cuando tienes un problema, sencillamente existe y lo percibes como tal porque nos falta algún tipo de información. De modo que, ante ese problema, pregúntate, ¿qué me falta por saber?, porque si lo supieras, no existiría el problema, claro.

Emprender un nuevo proyecto (en ocasiones en tu tiempo libre arañándole tiempo a la familia y los fines de semana), se suele ver como algo abrumador y casi imposible de realizar. En este capítulo te convenceré de que el punto de partida consiste en dividirlo en tareas (es más, tareas muy pequeñas o microtareas).

Me hubiera gustado que mi «yo» del futuro hubiese viajado al pasado para ahorrarle tanto estrés y falta de productividad a ese joven programador, sabiendo lo que sé ahora, claro, aunque eso también hace preguntarme lo mismo en relación a ese futuro: ¿qué no sé ahora que sí conoceré en unos años? ¿Qué problemas tengo ahora por no saber cómo resolverlos? Quizá parte de la vida consista en ese viaje de descubrimiento y aprendizaje.

Lo más relevante que aprendí de esa indagación personal y que me ha acompañado hasta ahora, se puede resumir de un modo escandalosamente simple en lo siguiente: todo trabajo se puede y se debe descomponer en tareas. Punto.

Pero no «cualquier tipo de tarea», incluso para esto hay trucos y una forma de proceder correcta que ahora te voy a contar.

El hecho de desglosar algo en un subconjunto de tareas más pequeñas, es ya por sí mismo un trabajo, se puede pensar, pero aquí está una de las claves: ese esfuerzo inicial de generación de tareas (que en realidad es un paso esencial de una buena organización y planificación) te va a ahorrar muchísimo tiempo si no implementas un modo de trabajo basado en ellas.

Tan buen resultado me ha dado esta técnica (insultantemente sencilla de poner en marcha y que no me he inventado yo, ni mucho menos) que hoy día, y desde hace muchos años, prácticamente no hago nada que antes no haya identificado de algún modo como «tarea».

Pero no «cualquier tipo de tarea», por definición, una tarea tiene que ser lo más concreta posible y tiene que estar lo mejor definida que se pueda.

Es decir, en el detalle está todo.

Es muy fácil y se puede resumir todo en una única palabra: concreción. Como responsable de un equipo de trabajo, sé que mis colaboradores son más productivos cuando lo que se les encomienda cuenta con todos los detalles posibles, creando una dinámica positiva: ellos también terminan exigiendo a los clientes más concreción y no aceptan algo vago como válido.

Con el tiempo, después de pasar años trabajando usando tareas para casi todo, y leyendo además a autores que hablan de cómo emplear el tiempo lo más productivamente posible (David Allen, Brian Tracy, entre otros), he ido dándome cuenta por mí mismo de un pequeño detalle.

Como en todo, el factor humano (mental) nos puede jugar una mala pasada.

Nuestro poder de concentración solo lo podemos mantener durante poco menos de una hora aproximadamente, de ahí que no entienda cómo existen organizaciones en las que las reuniones maratonianas de tres o cinco horas son lo habitual. A veces no tengo más remedio que asistir a una de ellas con algún cliente que espera estar dos o tres horas discutiendo algo.

«Uff», me digo, mal asunto, pero a ver cómo le explicas que en lugar de tres horas hoy, sería mejor una hora hoy y otra mañana, de modo que lo mismo se puede hacer en menos tiempo, ahorrando una hora para cada asistente a la reunión.

¿Cómo es esto posible? Porque en esas dos horas en días diferentes vamos a estar más concentrados que en un mismo periodo seguido de tres. Esto es, una hora hoy y una mañana son más productivas que tres horas sin descansar. Por esta razón, la técnica del «Pomodoro» considera intervalos cortos de tiempo con descansos entre una tarea y la siguiente.

Los emprendedores de éxito lo son porque saben gestionar bien su tiempo (y también su recurso más escaso junto con su mente), no porque trabajen más que el resto de los mortales, sino porque trabajan mejor.

(Lee el párrafo anterior otra vez, por favor).

Para asegurarte de que una tarea se va a realizar en el menor tiempo posible, debes sentirte concentrado en ella, por tanto, las tareas se deben definir de un modo que no se tarde «demasiado» en hacerlas, preferiblemente menos de una hora.

A mayor concentración, mejor trabajo y menos tiempo para realizarlo. Tanto es así que dedico un capítulo a este tema.

Hay actividades que obviamente necesitan muchas horas para realizarse. ¿Qué hacer en esos casos? Si no resulta obvio a estas alturas, te lo digo: divídelas en tareas más pequeñas. Siempre se puede.

Así las cosas, tareas «grandes» y vagas igual a trabajo hecho seguramente peor y en mucho más tiempo; por su parte, tareas «pequeñas» y concretas igual a mismo trabajo hecho en menor tiempo. Y todos contentos.

Si sospechas que una tarea puede realizarse en varias horas, entonces divídela en otras más pequeñas a modo de subtareas.

Nada más gratificante que terminar el día sabiendo que has hecho esas cinco tareas prioritarias que has marcado como realizadas y nada que ver con apagar el ordenador y tener la sensación de no saber si has avanzado o no ni cuánto te queda para terminar esto o lo otro.

Si, además, les asignas una prioridad, ya sabes cada mañana cómo elegir y ordenar tu MIT («most important tasks», o tareas más importantes).

Principio del emprendedor eficiente: trabaja con una herramienta de planificación de tareas en donde solo indicarás tareas pequeñas, de menos de una hora y muy concretas, pasa parte de tu tiempo gestionando esas tareas (añadiendo, quitando, repasando, planificando). Yo utilizo To-do de Microsoft, aunque hay muchas otras herramientas (la mayoría con una versión gratuita) que puedes usar para este propósito: Trello, Asana, etc.

Así las cosas, trabajando de este modo, siempre vamos a tener una bolsa de tareas por hacer, previendo además aquello a lo que nos tenemos que dedicar en las próximas semanas, teniendo claro cuáles de ellas son urgentes y cuáles importantes y, por tanto, permitiéndote planificar tu tiempo mucho mejor (y el de los demás).

¿A qué se reduce entones tu proyecto emprendedor o la siguiente fase del mismo?

Exacto, a un conjunto de tareas, piénsalo.

Cuando ves el trabajo como un conjunto de tareas a realizar, automáticamente sientes cierto alivio, porque tienes la sensación de una mayor certidumbre y control sobre tu vida (tu tiempo), y hasta puede que descubras que sentarte a definir nuevas es una fuente de satisfacción.

Es por la noche, no tengo ganas de ver ninguna serie (aunque a decir verdad apenas veo nada de televisión), tampoco tengo ganas de leer y aún me siento fresco para hacer algo. ¿Qué hacer? Elijo una tarea pendiente de la semana que me apetezca hacer y en media hora la marco como realizada, esto puede ser leer un artículo que descubrí la semana pasada, mejorar la descripción de algunas tareas, escribir ese correo pendiente o un pequeño detalle que quedó pendiente.

Este modo de trabajo es el que te va a permitir embarcarte en un nuevo proyecto y poder compatibilizarlo con el resto de responsabilidades sin fricciones.

Hub de Libros es un sistema ciertamente complejo cuyo producto mínimo viable lo he realizado en menos de un año, a través de cientos (o miles) de micro tareas que he ido haciendo cuando el resto de mis actividades me lo han permitido; ahora mismo puedo contar unas cuarenta pendientes para las próximas semanas.

Divide el trabajo de las próximas semanas en tareas concretas y de menos de una hora. Después, tan solo priorízalas en el día a día. Comprobarás así que avanzas en tu proyecto más rápido y mejor (dedicando hasta menos tiempo).

#2 Kaizen

En el capítulo anterior he hablado de la necesidad de estructurar el trabajo en pequeñas tareas muy concretas y de poca duración. Un concepto relacionado y que abracé desde hace unos años es el de la filosofía de trabajo «kaizen», y ojalá lo hubiese descubierto e integrado en mi día a día mucho antes.

No exagero cuando digo que con kaizen, he mejorado muchos aspectos de mi vida, personales y profesionales, y lo mejor de todo, con poco esfuerzo.

Esta práctica surgió en Japón después de la Segunda Guerra Mundial, país devastado que había que reconstruir. Aunque de origen americano, el éxito de esta forma de enfocar el trabajo está relacionado con el boom económico de Japón las décadas posteriores al conflicto. Compañías tan importantes como Toyota lo aplican y todos sus procesos de negocio están impregnados de kaizen.

La palabra viene a significar algo así como «pequeño cambio a mejor». Pero ¿qué tendrá que ver la economía japonesa, un concepto a lo filosofía oriental y nuestro proyecto emprendedor?

Pues todo, porque kaizen nos permite superar un aspecto limitante de nuestra mente que te voy a explicar a continuación y que resulta práctico cuando nos lanzamos a emprender un nuevo proyecto (o cuando nos proponemos un nuevo objetivo difícil de alcanzar).

Por si no lo sabes aún, los objetivos ambiciosos de principios de año (aprender inglés, adelgazar cinco kilos), aquellas metas tan extraordinarias como vagas (correr una maratón, terminar un MBA, leer más) y esa lista interminable de deseos en la que siempre pensamos, casi nunca se cumplen.

La razón, por extraño que parezca, está en el sistema límbico (que viene a ser como nuestro cerebro reptiliano), cuyo único propósito es mantenernos seguros y a salvo de cualquier amenaza, esto es, nos empuja constantemente a permanecer como estamos y lo más seguros posible. Este conservador impulso vital es lo que nos impide salir con sencillez de nuestra zona de confort, aunque esto nos haga infelices e insatisfechos (inconscientemente, también nos provoca miedo ante la posibilidad de tener éxito).

Esto es, se da la paradoja de que nuestro cerebro nos impele a permanecer en el lugar donde nos cree más seguros (pero no más felices). Por si aún no te has dado cuenta, emprender consiste en salir de nuestra zona de confort, ¿dónde si no se encuentran nuestras metas?

Tal y como afirman muchos autores, el emprendimiento es en realidad un camino espiritual que nos enfrenta con frustraciones, miedos, dudas e inseguridades que debemos superar.

A la mente le aterra en lo más profundo nuestros propósitos más ambiciosos, aunque no nos demos cuenta de ello. El entusiasmo de un día se convierte rápidamente en inseguridades y frustraciones en los siguientes, y no sabemos exactamente el por qué de este vaivén.

El emprendedor tiene que superar esta barrera y te voy a mostrar un método que funciona y sin esfuerzo: aplicando kaizen.

Lanzar tu proyecto, independientemente de lo complejo que sea, o una versión inicial del mismo, viene a ser lo mismo que prepararte para una maratón sin haber salido a correr durante unos años.

Si la primera semana te planteas un objetivo demasiado grande, como correr cuatro kilómetros, ya sabes lo que va pasar: no lo conseguirás y sentirás una gran frustración, lo que hará que difícilmente lo vuelvas a intentar. Si realmente eres de los pocos que lo consiguen, no servirá de nada igualmente, porque habrás hecho un esfuerzo tan titánico que se te quitarán las ganas de volver a repetirlo si es que tus rodillas no te mandan directamente a urgencias.

Además, tu cerebro reptiliano (utilizando la voz de tu ego), vendrá a ponerte piedras en el camino y a desanimarte, con pensamientos del tipo «esto es muy difícil para ti», «con lo bien que estás en el sofá viendo Netflix» y sandeces por el estilo. Esa voz..., olvídala, es tu ego protegiéndote (y alejándote de lo que deseas). De ahí lo del camino en cierto modo espiritual que señalaba antes.

Kaizen viene a engañar a «esa voz» con la que a veces nos confundimos. Con kaizen no vas a salir a correr varios kilómetros el primer día, sino tan solo vas a caminar cien metros; el día siguiente serán doscientos y quizá des un rodeo al volver de tirar la basura.

Al quinto día, te sientes feliz porque aunque no has salido a correr todavía, sí has roto la dinámica de no hacer nada y la has cambiado por unos cuantos cientos de metros, poca cosa, sí, pero entonces te animas y haces quinientos caminando a paso ligero, comenzando a sudar.

Esto eso, poco a poco, vas mejorando casi de forma imperceptible esa práctica, e imperceptiblemente también, vas acumulando pequeños éxitos sin alejarte demasiado de tu habitual zona de confort (en el ejemplo, el sofá) de modo que tu mente reptiliana te dejará tranquilo porque el cambio es tan pequeño y progresivo, que no detecta ninguna amenaza en ello.

En unas pocas semanas, ya sales a correr con comodidad un kilómetro, y a los dos meses, ya estás en esos cuatro iniciales. Casi sin darte cuenta y con poco esfuerzo pero con paciencia, y sin que tu ego te traicione, te estás acercando a inscribirte a la próxima media maratón de tu cuidad. De algún modo, esa progresión infinitesimal pero continua, ha venido a confundir a tu ego, de modo que éste termina identificándose con tu «nuevo yo»: el de una persona que corre medias maratones.

Esto no significa que no tengas que esforzarte, claro que sí, pero lo haces poco a poco, nada de sufrir, sustituyes un «gran objetivo» por muchos «micro-objetivos» en el camino, lo que me recuerda a lo que comentábamos en el capítulo anterior al dividir una gran tarea en varias microtareas.

En ocasiones fracasamos porque queremos hacer las cosas demasiado rápido, pero el día tiene veinticuatro horas y la semana solo siete días, queramos o no.

Casi siempre nos equivocamos en la estimación del tiempo: creemos que esto lo debemos conseguir en un mes (y tardamos dos), o que este proyecto funcionará al año (y tarda tres), etc., quizá porque somos demasiado optimistas.

Kaizen consiste en acumular pequeñas mejoras en cualquier cosa que hagas, por pequeñas que sean, y el gran resultado consiste en acumular cientos o miles de esas mejoras en apariencia insignificantes.

No te obligues a leer cien páginas al día si no eres un gran lector, comienza por cinco, después diez, quince... No pretendas tocar un instrumento de un día para otro, dedica tan solo veinte minutos las primeras semanas y a ver qué ocurre. Lee una página en inglés si te has propuesto avanzar en ese terreno, no una novela de Joyce en original de principio a fin en tan solo dos días.

La acumulación de pequeñas mejoras y avances provoca un interés compuesto de resultados sorprendentes, impensables, hasta el punto de que cuando compruebes por ti mismo su efecto, serás adicto al kaizen.

¿Y qué tiene que ver esto con realizar un proyecto emprendedor de cualquier tipo?

Pues todo, porque como ya sabemos, cualquier detalle cuenta, de modo que es más efectivo y productivo ir añadiendo pequeñas mejoras y cambios, pero continuamente, mejorando esto y lo otro, tirando de tu lista interminable de tareas, y, poco a poco, el proyecto irá viendo una luz llena de calidad y cerca de los resultados que quieres obtener.

Los cambios en mi proyecto «Hub de Libros» son pequeños y continuos, a veces casi imperceptibles (aunque en ocasiones no se vea nada nuevo en la interfaz de usuario, sí hay mejoras en el backend o en la infraestructura), pero el efecto acumulado de esta estrategia es, sencillamente, brutal.

Kaizen es la mejor herramienta que conozco para construir nuevos y mejores hábitos.

Kaizen nos ayuda también cuando estamos demasiado ocupados en asuntos totalmente diferentes y nos impide tener la sensación de que esto o aquello lo tenemos abandonado (cuanto más tiempo pasa hasta retomar un asunto, menos probable es de que lo continúes o lo hagas lo mejor posible).

Un hábito cuesta mucho crearlo, pero muy poco en abandonarlo, de modo que kaizen nos dice que si hoy no puedes hacer 100, haz al menos 5, pero así no pierdes esa rutina que tanto te costó construir, de ese modo, le dices claramente a tu cerebro que esa actividad es importante para ti, y éste, a través su increíble plasticidad, se va reconfigurando poco a poco para hacerse a ella.

Kaizen es mejorar continuamente aquello en lo que trabajas, aunque sea algo diminuto: escribir cinco nuevas páginas, mejorar una sección de tu web, cambiar una foto por otra más atractiva, contactar con cinco personas en LinkeIn, repasar la lista de tareas para la semana que viene. No es tan difícil. Con el tiempo, provocarás un efecto bola de nieve y comenzarás a ver grandes resultados.

Kaizen funciona, tanto en lo técnico y laboral como en cualquier actividad que realices: hoy no tienes ganas de hacer tu práctica habitual de yoga; no pasa nada, pero realiza al menos seis saludos al sol (de seis a diez minutos), esto hará que no te sientas demasiado apalancado y te animará a retomar la práctica mañana. Ese poco a poco te permitirá llegar a «mucho» con poco esfuerzo. Además, puede que descubras que la acción genera motivación. Actuar solo cuando llega la motivación es un error, casi siempre ésta llega después de comenzar a hacer algo.

Puedo afirmar sin equivocarme que Hub de Libros y otros proyectos en los que he participado, han nacido de aplicar profundamente kaizen.

Llegados a este punto, ya tenemos claro dos poderosas herramientas para avanzar en nuestros proyectos: microtareas y kaizen. Ahora veremos una habilidad igual de importante pero que sin ella, lo anterior no dará tan buenos resultados.

Recuerda: estas doce claves no son independientes, digamos que vienen en el mismo paquete y que algunas de ellas se aplican a la vez hasta que formen parte de tu ADN y de tu forma de ser y de trabajar. Es más, te aseguro que en un tiempo no sabrás trabajar de otro modo.

#3 Trabaja Concentrado

Me guste o no, debo atender cada día un conjunto de tareas y responsabilidades de distinta naturaleza, tanto personales como profesionales. No creo que esto sea nada especial, es la dinámica normal de la mayoría de profesionales en una posición directiva, pero para nada diferente de cualquier otra actividad.

Hace un tiempo, a medida que la carga de trabajo de asuntos diferentes aumentaba, sufría de mucho estrés y siempre vivía con la sensación de que apenas controlaba mi tiempo y con la desagradable incertidumbre de no saber si podría atenderlo todo. Esto es, vivía como muchos que aún no han descubierto que parte del problema está en la incapacidad de trabajar la mayor parte del tiempo concentrado.

Comenzaba esto pensando en aquello y ronroneando en la cabeza lo del día después, cuando no una llamada inoportuna me interrumpía, me tenía media hora al teléfono (en ocasiones para algo improductivo) y después tardaba quince minutos en volver a lo que estaba haciendo. Y ya no hablemos de trabajar en un entorno mal organizado en donde casi todo tiene que estar para antes de ayer. ¿Te suena?

Curiosamente, he leído de la mano de muchos autores de desarrollo personal (como Robin Sharma, Brian Tracy, Raimón Samsó, Sergio Fernández y muchos otros) que esto es un síndrome de la sociedad occidental actual: la dispersión mental, la distracción continua, la incapacidad de decir «no» a todas las demandas que se nos presentan.

Y, sobre todo, la falta de concentración.

Nunca antes hemos estado tan dispersos como ahora; lo fomenta el mal uso de la tecnología ubicua que tenemos hoy día.

Mirar si tienes nuevos correos cien veces al día, dejar que el teléfono suene con cada nuevo mensaje de whatsapp o Telegram, repasar tu Facebook, LinkedInd, Instagram, etc., son pequeñas actividades que si bien suponen ocio, en ocasiones nos roban lo más importante: nuestra capacidad de hacer algo bien en el menor tiempo posible.

Sumadas, todas esas interrupciones suponen que al cabo de la semana, puedas terminar equis tareas menos de las que podrías completar. Piensa en el efecto que esto puede tener en un mes, en un año...

Esto es una queja habitual de casi todo el mundo: la falta de tiempo, y detrás casi siempre está la incapacidad de trabajar concentrado.

Puedo afirmar que he conseguido hacer un proyecto como Hub de Libros mediante tareas y microtareas durante meses gracias a la alta capacidad de concentrarme en ellas la mayor parte del tiempo.

Esto funciona del siguiente modo: si trabajas en la tarea compleja equis en un estado de concentración normal, tardarás en realizarla, digamos una hora, si trabajas en ella muy concentrado, vas a tardar menos, pero si trabajas ultraconcentrado en un momento del día en que aún estás fresco, tardarás aún menos y la harás mejor. Es decir, el tiempo de realización de una tarea depende de cuándo la hagas y de tu capacidad de fijar la atención.

Piénsalo: ¿qué persiguen tantas notificaciones de apps, redes sociales, etc? Atrapar tu atención. ¿Para qué? Para que te concentres en ellas más tiempo de modo que la puedan rentabilizar.

Ahora bien, trabajar concentrado es algo que tienes que luchar para conseguir independientemente del entorno donde trabajes.

Si trabajásemos más concentrados, ahorrarás horas de tu vida que tendrás disponibles para otros asuntos. Piensa por un momento en el impacto que puede tener esto si casi todo lo que hicieras lo realizaras de ese modo, tú, el equipo con el que trabajas, y si ese efecto acumulado o esa dinámica de trabajo, tendría o no un impacto colosal en los resultados de una compañía. Yo creo que sí.

Trabajar concentrado exige disponer de un entorno adecuado (ordenado, sin distracciones visuales, simple, etc.) y que se esté en armonía también con el resto de colaboradores con quien interactúas.

Tú eres el responsable de crearte las condiciones idóneas donde trabajar lo mejor posible, y cada uno tiene las suyas propias. Si tu entorno no lo permite, intenta cambiarlo haciendo ver que así vas a ser más productivo o detecta los momentos del día en que puedes (o «te dejan») trabajar más concentrado y mete ahí las tareas más relevantes. Busca las tácticas adecuadas según tu situación.

Llevado a un extremo... la vida está hecha de tiempo, si lo piensas así, no vas a querer que nadie te lo robe inútilmente. Trabajar concentrado te dará más tiempo (o sea, más vida de la que disfrutar).

Prefiero hacer una tarea ultraconcentrado y lo mejor posible que varias mal y agobiado, porque sé que esa deuda técnica (defectos) que dejas en estas últimas te va a pasar factura en algún momento.

Esto no consiste tampoco en vivir cada día en tu propio mundo alienado como abducido por una nave extraterrestre. Solo algunas de las tareas que hacemos cada día, por lo general, requieren de un alto grado de concentración. Cuida de poder hacerlas así, las harás mejor y con más calidad y dispondrás de más tiempo.

Recuerda: los pequeños detalles, como este, sumados en el tiempo, suponen un tsunami de tal volumen que nada tiene que ver con la forma de encarar el trabajo del empleado medio. Si quieres extraer más de tu tiempo, intenta trabajar concentrado todo lo que puedas; contrariamente a lo que pueda parecer, tu mente, trabajando así, se fatigará menos.

Es de sentido común, si un proyecto requiere de quinientas microtareas, ¿no lo harás mejor y con menos esfuerzo y en menos tiempo si la mayoría de ellas las realizas muy concentrado?

Por otra parte, existe el concepto de «fluir», popularizado por psicólogo Mihaly Csikszentmihalyi en su libro de título «Fluir (flow): una Psicología de la Felicidad», en donde se habla de ese estado mental en que el estás tan inmerso en una actividad concreta, más allá incluso de la concentración, que terminas perdiendo la noción del tiempo, literalmente.

Ese estado se suele conseguir con las actividades que más nos gustan y apasionan; si en tu proyecto consigues muchas «sesiones» en las que fluyes..., entonces tendrás la prueba de que te estás dedicando a algo en lo que crees y que te llena.

#4 Metodología Lean

No podemos hacer algo medianamente complejo y que requiere de cierto esfuerzo sin que esté dentro de un marco de trabajo o estrategia. Grábate esto a fuego en tu cabeza, de lo contrario, estás condenado al fracaso antes de comenzar.

Imagina que te propones llegar a correr con comodidad durante una hora sin que las rodillas te exploten ni tus pulmones resuellen. No puedes conseguir ese objetivo dejándolo al azar (o a tus ganas o motivación del momento): hoy salgo a caminar un rato, mañana no hago nada, llega la semana siguiente y quizá sales un ratito a caminar, etc. De ese modo, ya sabemos que nunca llegaremos a correr esa hora (objetivo), y, de paso, nuestra autoestima habrá bajado varios niveles. Es tan solo un ejemplo, pero quizá esto te suene.

Para lograr tu objetivo, hace falta una estrategia, concretarla en acciones y, lo más importante, realizarlas con disciplina, claro, al menos la mayor parte del tiempo: de lunes a viernes saldré todos los días a las ocho a correr durante quince minutos a paso ligero, después, el segundo mes, aumentaré a veinte minutos con intervalos de sprints, etc. Para ello, es buena idea hacerte de una agenda donde anotar poco a poco los progresos y comprobar si te sienta mejor salir a correr por la mañana o al final de la tarde, quizá te gusta más el asfalto o te adaptas mejor a los senderos de tu parque más cercano.

Si lo hacemos poco a poco, tal y como hemos descrito en el capítulo sobre «kaizen», y aprendiendo en cada paso, las probabilidades de éxito se multiplicarán. Esto es, comienzas algo, compruebas y evalúas el resultado, mejoras y continúas.

La autodisciplina (hacer lo que hay que hacer independientemente de tu estado de ánimo o de tus ganas) consigue más resultados que tu inteligencia; de hecho, no me considero una persona especialmente inteligente, no lo sé, pero sí muy automotivada y disciplinada tan pronto como me propongo algo (no siempre fui así), y eso es precisamente lo que me permite terminar cosas (como este libro que estás leyendo ahora mismo). Todos los autores que he leído de desarrollo personal coinciden en que uno de los factores comunes del éxito es la autodisciplina, algo que, por otra parte, se puede aprender y desarrollar.

La mayoría de las veces que no conseguimos algo no es porque no sepamos hacerlo o porque las circunstancias no nos acompañen (solemos utilizarlas como simples excusas).

Fracasamos porque:

#1 No planteamos la estrategia adecuada.

#2 No nos comprometemos con ella.

Lanzar un nuevo proyecto sin saber a ciencia cierta si funcionará tal y como esperamos es algo que solo comprobaremos cuando lo hayamos hecho.

Así es, parece una sandez, pero espera, que sigo.

Nadie tiene una bola de cristal por mucha experiencia que tengas de otros proyectos previos en los que hayas intervenido; como mucho, esa experiencia te servirá para ir más rápido y acercarte más a la posibilidad de éxito. Piénsalo. Si existiese esa bola de cristal, ¿acaso no sería un éxito todo lo que hacemos?

La «metodología *lean*» es esa hoja de ruta y estrategia que planteábamos para el objetivo de correr una hora sin marearnos, pero esta vez para enmarcar y avanzar en nuestro proyecto de forma estructurada, en orden, sin arruinarnos y sin desmelenarnos demasiado.

Se popularizó con el libro de título «El método Lean Startup» de Eric Ries, que dio lugar a toda una cultura «lean» para abordar la creación y evolución de proyectos. Desde entonces, lo he utilizado como uno de mis libros de cabecera y lo recomiendo encarecidamente siempre que puedo, tanto ese libro como todos los relacionados con la cultura «lean» y que incluyo en la bibliografía.

Básicamente, establece un forma de abordar un nuevo proyecto emprendedor de forma científica. En realidad es algo muy sencillo. De un modo muy simplificado, la ciencia se basa en plantear hipótesis y contrastarlas con datos fehacientes. Lo mismo se puede hacer con tu proyecto.

Éste se basa en una hipótesis que tienes que evaluar con los datos que recojas cuando lo lances, de modo que te basarás en estos datos para decidir la trayectoria (estrategia) del mismo.

Estas son algunas de mis hipótesis que planteé en su día en Hub de Libros: hay una auténtica masa de autores que escriben o personas que se plantean escribir pero no saben cómo empezar, los autores que ya publican tienen pocos recursos o no saben cómo tener más visibilidad en la web para promocionar sus obras, los lectores tienen dificultad para encontrar recomendaciones sobre sus géneros preferidos, las editoriales necesitan de autores, pero ya con la tecnología, los autores no necesitan a las editoriales, la mayoría de los autores no saben autopublicar y necesitan ayuda, etc.

Hipótesis, hipótesis y más hipótesis. Yo creo que todo lo anterior es así, pero lo puedo demostrar tanto como que Elvis en realidad sigue vivo.

Agárrate a la silla porque lo que te voy a decir a continuación puede que te haga boom en la cabeza: tu proyecto no consiste en esa idea maravillosa que «crees» que funcionará, tu proyecto consiste en realidad en «probar» si esa idea tiene buena o mala acogida. Punto.

Si lo piensas, el planteamiento y desarrollo del proyecto con uno u otro enfoque no tienen nada que ver; pasas de «creer» a «probar» y «validar», que son cuestiones distintas. Con el primero, te centras en la funcionalidad sin poner límites (que es lo que más nos gusta hacer, por cierto), con el segundo, centras los esfuerzos en «medir» para validar tu hipótesis. ¿Lo ves? Ese cambio de enfoque modifica totalmente la naturaleza de desarrollar y avanzar en tu proyecto.

Imagina que tienes la idea de crear un microservicio con el cual un usuario puede generar facturas al vuelo para profesionales autónomos (fontaneros, electricistas, jardineros, cualquier otro tipo de freelancers, etc.). Como piensas (= crees, pero no lo «sabes») que hay hueco en el mercado para ello, te lanzas a crear un sistema con una web que le permite al usuario registrase y crear facturas desde diversas plantillas, contemplando además las diversas normativas de tu país y de otros, el usuario puede enviarle la factura desde el móvil al instante al cliente, y hasta éste puede pagar inmediatamente porque integras la pasarela de pago con Stripe y Paypal, y hasta añades ciertas utilidades para que el gestor de ese profesional pueda fácilmente llevar la contabilidad trimestral, etc. Y más y más funcionalidad, de modo que después de un año de trabajo, lanzas el proyecto (que ya ha adquirido cierto tamaño) al mercado, y confías en que todo irá bien y que los usuarios llegarán porque sí y tu producto funcionará desde el minuto uno.

Bienvenido al mundo de pin-y-pon, como se dice en mi país.

Como nadie tiene esa varita mágica ni esa bola de cristal de la que hablábamos antes, nadie sabe qué pasará, pero tú ya has invertido muchísimo tiempo en implementar o en pagar mucha funcionalidad que no sabes si será realmente útil para tus usuarios objetivos. Esto suele conducir a un desastre salvo que tengas mucha suerte.

Es más, una vez que lo lanzas, ¿cómo sabes que el proyecto funciona? ¿Qué sabes del proyecto? ¿Conoces los usuarios que se registran y que vuelven? ¿De dónde son? ¿Cómo llegan al «site»? ¿Cuántos terminan utilizando la pasarela de pago? ¿Qué funcionalidad no se usa? Esto es… datos, datos y más datos. Hablaremos más de ello en el capítulo de analíticas.

Has dedicado demasiado esfuerzo (y dinero, tuyo o de otro, recuerda además que tu tiempo es dinero) en implementar algo con exceso de funcionalidad que no sabes si funcionará. Mal asunto.

Pero hay otra alternativa mucho más razonable y atractiva. Si te equivocas, que sea lo antes posible (y lo más barato posible).

Con la estrategia «lean» tan solo implementas «alguna funcionalidad», la que crees que puede tener más posibilidades (la hipótesis clave), y preparas el sistema para recoger datos, métricas y «KPIs» (indicadores clave de rendimiento).

Al poco tiempo (no un año como antes), lanzas el proyecto con esa minifuncionalidad y listo para recabar datos. ¿Cuál es tu trabajo entonces? Comprobar con los datos que se vayan generando si tu hipótesis era buena. Si lo es, adelante, entonces hay que mejorar la funcionalidad e ir enriqueciéndola. Pero si pasa el tiempo y los datos claramente indican lo contrario a pesar de realizar campañas de promoción, comunicación y marketing de todo tipo, entonces también tienes una respuesta: esa funcionalidad no interesa, al menos del modo en que la ofreces, pero así tienes la posibilidad de lo que en metodología «lean» se denomina «pivotar».

«Pivotar» consiste en dar un paso atrás, reformular la funcionalidad (hipótesis), plantear otra o afinar la existente, implementarla con el menor esfuerzo posible y a la carga de nuevo.

Este enfoque, a menos que lo pienses un poco, es el lógico, porque además permite dedicar el menor número de recursos posibles para comprobar si algo encaja en el mercado o no.

En el momento de escribir esto, Hub de Libros, como Plataforma Editorial, está en esta fase: recogida masiva de datos para validar las hipótesis iniciales, y después, a iterar. ¿Hasta cuándo? Se le pondría fin en el momento en que comprobemos que nada funciona después de muchas iteraciones; afortunadamente, todo hace pensar que el proyecto va creciendo de forma estable, en usuarios, acogida e ingresos. ¿Y cómo lo sé? A estas alturas lo tendrás muy claro: con los datos que recoge el sistema y que analizo periódicamente.

Es cierto que con el tiempo y la experiencia, vas evitando los típicos errores de novato de modo que estás un poco más cerca de validar positivamente tus propuestas, así que esos errores se pueden ver como el camino natural de aprendizaje. Lo triste es que no se vea así y haya quien tire la toalla después de varios «fracasos» (o resultados no esperados), cuando ya la experiencia que se ha conseguido es todo un valor en sí.

Otra cuestión que hay que tener en cuenta es el factor tiempo; por alguna razón creemos que las cosas deben funcionar desde el minuto uno, cuando quizá lo natural es que quizá comiencen a dar resultados después de muchos meses e incluso años. Investiga tan solo todas aquellas plataformas que admiras o que usas, verás que todas llevan en el mercado más tiempo del que imaginas y su estado actual apuesto a que no tiene nada que ver con el inicial.

No esperes a tenerlo todo listo para lanzar tu proyecto, tan solo sal con la funcionalidad mínima (lo que se llama «producto mínimo viable»), después mide el resultado y según éste, cambia y mejora lo que estimes oportuno, y a la carga de nuevo. Iteración tras iteración, los resultados irán apareciendo poco a poco.

#5 Sistemas y Rutinas sobre Objetivos

Un objetivo, por sí mismo, no es más que un concepto que sintetiza algo que quieres conseguir, pero no indica cómo. Crear una rutina de trabajo que te acerque a él y cumplirla con disciplina, sí.

Esta es la razón por la que los deseos de primeros de año casi nunca se cumplen: no son más que deseos sin un mapa claro para hacerlos realidad (resultados), como perder peso, hacer más ejercicio, leer más o cualquier otra cosa similar.

La mayoría de ellos no se consiguen por dos razones: no los planificamos y nuestro compromiso con ellos no es total.

Cualquier propósito medianamente complejo, que se debe realizar a lo largo de un tiempo más o menos prolongado, y que, además, tenemos que compatibilizar con otras actividades, solo lo vamos a realizar si conseguimos construir un sistema que nos permita hacerlo, un sistema que, además, lo podamos integrar en el resto de nuestras responsabilidades.

Por tanto, conseguirlo no es más que seguir con el plan y cumplir con ese sistema que tú mismo te has impuesto. Sí, lo sé, sencillo, pero no fácil.

Volviendo al ejemplo de correr una maratón: si lo piensas bien, «correr esos cuarenta y dos kilómetros y doscientos metros» no es más que un deseo, una declaración de principios o un brindis al sol. Lograrlo o no, tan solo depende de que te construyas un plan (sistema) semanal o mensual que vas a cumplir rutinariamente. ¿El resultado? Si defines bien ese sistema, llegarás a correr la maratón.

Demasiados objetivos no se cumplen no por la falta de voluntad, capacidad de esfuerzo o ganas, sino por la falta de tener definido ese sistema o plan.

Tu sistema para un propósito ambicioso y complejo, consiste en incluir en tu agenda una serie de actividades que vas a realizar sí o sí, o, al menos, la mayor parte de las veces (tampoco nos vamos a crucificar si alguna vez fallamos o nos surge un imprevisto). Ese plan lo tienes que construir tú mismo, porque lo tienes que encajar con el resto de tu vida o incluso con otros objetivos.

No vale con decir algo como «cada semana saldré a correr tres veces». Como ya hemos indicado en algún punto de este libro, las tareas deben ser cortas y claras, lo más detalladas posible. Lo anterior es tan vago, que difícilmente vas a encontrar un momento de la semana claro para calzarte las zapatillas deportivas. Es como decirle «no te olvides de hacer los deberes esta semana» a un niño que se no quiere hacerlos.

Crear el sistema consiste en indicar cómo y cuándo vas a realizar algo, encajándolo con el resto de tus responsabilidades, tu estilo de vida, tu trabajo de nueve a cinco o tu familia.

«Saldré a correr lunes, miércoles y viernes de siete a ocho», eso es concreto, claro, te obliga a un compromiso contigo mismo, y una vez que te lo propones, ya no hay excusas, sabes que el lunes a la siete tienes una cita inexorable contigo mismo para realizar una actividad muy concreta. De ese modo, al cumplir con ese sistema, te irás creando de cierta rutina, hasta que llega el momento en el que lo que antes te suponía un esfuerzo (salir a correr) ya no lo es tanto. Hemos insistido ya acerca de esta planificación en otras secciones del libro, pero lo que quiero recalcar ahora es que el «sistema» que creas para llegar al objetivo es tanto o más importante como las tareas que tienes que realizar para alcanzarlo.

Una vez trazado el plan, con el cuándo y el cómo, falta la segunda parte de la ecuación y no por ello menos importante: el compromiso.

De nada sirve un esquema de trabajo si no estás comprometido con él. Si por alguna razón, no lo cumples regularmente, entonces es que en realidad te falta compromiso y, quizá, ese objetivo ambicioso que tenías no significaba tanto para ti. Y no pasa nada, tan solo has descubierto que ese objetivo no te importaba tanto. Yo para esto sigo una regla que creo que me ha dado buen resultado hasta ahora: si le fallo a un compromiso que me he autoimpuesto y no me siento mal por ello y hasta siento una cierta liberación, entonces es que no era tan relevante para mí como yo pensaba.

Siento decirte que la mayor parte de los objetivos ambiciosos que nos planteamos requieren de mucho esfuerzo y perseverancia, de lo contrario, cualquiera escribiría tres libros al año, correría maratones o crearía una nueva empresa cada seis meses, por poner unos ejemplos.

Pero hay una buena noticia: en el momento en el que te construyes una rutina que realizas periódicamente, te creas un hábito, y, con él, lo que te costaba esfuerzo lo terminas haciendo sin él. Yo ahora hago cosas que unos años atrás me habrían parecido inimaginables y que en la actualidad no me cuestan trabajo realizar porque es tal el hábito que incluso si un día fallo, siento como si me faltara algo: madrugar antes, practicar yoga tan pronto como me levanto, escribir a diario, etc.

Crearte un sistema con una alta dosis de compromiso, y cumplirlo, es la única receta para conseguir lo que te propones, al menos para maximizar las posibilidades de lograrlo, de lo contrario, estarás perdiendo el tiempo antes de empezar. Con ese sistema y algo de tiempo, lo que te cuesta esfuerzo ahora lo realizarás a la larga cómodamente.

En esto coinciden todos los autores que hablan de cómo conseguir objetivos y metas en la vida: en esencia, disciplina y compromiso en la ejecución de un plan, y de ahí, mágicamente, se crean rutinas y hábitos con los que el esfuerzo inicial va dejando de ser tal.

¿No es maravilloso? De ahí esa frase que dice «todo es muy difícil antes de ser fácil».

Con el hábito... el «esfuerzo» se diluye, con el plan... sabes el «cómo» y con la rutina... cada día te acercas más al objetivo.

Yo he logrado realizar un proyecto ambicioso como Hub de Libros planteándome mi propio sistema semanal de trabajo, compatibilizándolo de algún modo con el resto de mis responsabilidades, descubriendo además que los avances en lo primero me daba como más energía e ímpetu para lo demás. Y es que esto, extrañamente, funciona así: la motivación y autoestima que consigues al avanzar hacia un propósito, enriquece el resto de áreas de tu vida.

En concreto, me obligué a mejorar mi rutina matutina levantándome antes, tratando de ser más productivo en el resto de mis tareas diarias y aprovechando más los fines de semana. Espero que no pienses que estoy todo tiempo machacándome a base de trabajo; es más, puedo hasta decir que me he divertido mucho y nada más reconfortante que acostarte cada día pensando que has progresado en algo de lo que te has propuesto.

Así, poco a poco, vi cómo cada semana conseguía liquidar tareas relacionadas con Mantra Framework y otras de Hub de Libros, y viendo cómo paso a paso, con mucha práctica de kaizen, cada pequeño avance se iba acumulando hasta llegar un momento en que el producto mínimo viable ya estaba listo para lanzarlo y darlo a conocer.

Crea un sistema (plan claro y muy concreto) para cualquier objetivo que te propongas y comprométete con él.

Objetivo = sistema + compromiso.

Con el tiempo, la rutina y el hábito hará que apenas tengas que esforzarte.

No hay más, te lo prometo.

¡Ah! Otra buena noticia: tu competencia también se enfrenta a las mismas dificultades. Gana el que las supera.

#6 Dudas

Hace un tiempo no comprendía bien aquello que leía y que decía que para lanzar un proyecto emprendedor (que no sabes a priori si funcionará o no), hace falta cierto grado de «desarrollo personal»; tanto es así que algunos autores afirman que el emprendimiento es el mejor camino de desarrollo personal que existe.

Ahora, después de más de diez años trabajando duramente en iniciativas de este tipo, quizá lo comienzo a comprender.

Durante los meses en los que tantas horas he dedicado al primer producto mínimo viable de Hub de Libros, a la vez que atendía a muchas otras responsabilidades, es inevitable pasar por ciertos periodos de duda.

«¿De verdad merece la pena tantas horas de trabajo? Pero si ya existen algunos proyectos parecidos... ¿Y si al final lo abandono? ¿No sería mejor centrar todo este trabajo en esos otros proyectos más tranquilos, sencillos y menos inciertos?»

Esto es, alguna vocecita en nuestro interior (¿el ego?) sale de vez en cuando a proteger su derecho a seguir disfrutando de ese sosegado y templado espacio denominado «zona de confort», y lo hace planteándote dudas que pueden boicotear tu propio proyecto.

Dudar en algún momento ante el esfuerzo continuado por algo que no sabemos qué rédito tendrá (recuerda que lanzar un proyecto es lo mismo que plantear una hipótesis al mercado), es normal, forma parte del juego. A mí me ha pasado una y otra vez. Y lo reconozco, abandoné antes de tiempo en alguna que otra ocasión. Y no pasa nada salvo que puede que te quede un regustillo amargo por la labor no terminada.

Ese concepto de «desarrollo personal» consiste precisamente en saber gestionar correctamente y de forma madura esa voz interior que parece que juega en nuestra contra. Su función es impedirnos salir de lo conocido (aún a costa de nuestra felicidad y satisfacción), de modo que hay que hacerle frente de algún modo.

Surgirán desconfianzas, incertidumbres y titubearás, hasta puede que tu entorno cercano te presione por no creer en tu proyecto; pero tú debes contrarrestar todo eso y seguir adelante a pesar de todo, aunque todavía no hayas descubierto esa sensación y placer de lanzar oficialmente un nuevo proyecto, del tipo que sea. «Ahhhh, sí, esto lo he hecho o lo he liderado yo, con mucho esfuerzo, y continuaré trabajando para seguir aprendiendo sobre mi proyecto».

Yo siento esa agradable sensación de satisfacción cada vez que lanzo la primera versión de algo en lo que he estado trabajando mucho tiempo, no solo «Hub de Libros», muchos proyectos anteriores y también todos y cada uno de mis libros (que no son más que un tipo más de proyecto).

En la otra cara de la moneda, puede que dudar sea hasta bueno, quizá es el mecanismo que tiene nuestro cerebro de alertarnos para asegurarnos de la dirección que llevamos: «Oye tú, ¿estás seguro de que esto merece la pena?», te pregunta tu cerebro reptiliano (sí, eso existe, y está en una zona del cerebro que se llama amígdala y la tienen todos los mamíferos..., no es broma).

Y tu función como buen profesional y emprendedor es responder a esa pregunta con las únicas dos respuestas posibles.

Abandonando, porque descubres que te falta motivación, que no lo ves del todo claro, que tu compromiso está a la altura de la mayoría de esos deseos de comienzo de año, no es el momento, o bien, prefieres ir a lo seguro, quizá aferrarte aún más a tu empleo de nueve a cinco. Y está bien, por lo menos dejarás de seguir echando horas en algo en lo que no crees (ya hizo entonces su trabajo la voz de tu ego).

O persistiendo, porque vuelves a recordar la motivación última que te obliga a seguir denodadamente con tanto esfuerzo, porque crees en tu proyecto (y en tu capacidad de superación), y porque crees que tienes algo entre manos que necesitan muchas otras personas.

Si optas por lo segundo cada vez que surgen dudas, enhorabuena, has dado con un propósito importante que moviliza tu energía hacia algo positivo.

En cualquier caso, tanto si continúas como si no, por el camino encontrarás la recompensa en la forma de todo lo que hayas aprendido; por lo menos, comenzaste a transitar por él aunque abandonaras en algún momento, y eso ya es más de lo que hace la mayoría. Puede que abandones ese proyecto, lo que quizá te permitirá centrarte en otro cuya motivación sea más profunda.

Yo he sentido en varias ocasiones esas dudas, sobre todo cuando la carga de trabajo de mis otras responsabilidades me impedían poder concentrarme en «Hub de Libros», pero siempre salí reforzado de esos momentos al recordar mi propósito en forma de misión para servir a los demás: ayudar a muchos otros autores que aún no saben cómo dar a conocer sus obras y publicar sus textos y sintetizar en este proyecto todo lo mejor de lo que he aprendido como ingeniero software en veinte años.

Según el modo en que gestiones tus dudas, que surgirán con toda seguridad, así evolucionará tu proyecto. Forma parte del juego del emprendimiento.

#7 Analíticas

No, no te voy a recomendar hacerte un análisis de sangre (lo que en mi país se conoce en lenguaje de calle como «hacerte una analítica»).

Ya hemos visto en un capítulo anterior la necesidad de conocer lo que ocurre en el proyecto para tomar decisiones al respecto, de ahí que en la metodología «lean», un proyecto se considere más como una hipótesis que hay que comprobar.

¿Cómo? Con datos, claro.

De la adquisición y análisis de estos datos, y de las decisiones que se tomen a partir de ellos, dependerá el éxito y la buena dirección del proyecto.

Lee lo anterior de nuevo porque ahí está la clave de por qué la mayoría de las iniciativas emprendedoras no pasan al siguiente nivel.

Para que te hagas una idea, algunos de los datos que en «Hub de Libros» necesito para comprobar el funcionamiento del proyecto son: los autores más visitados, los libros más visitados, número de nuevos usuarios registrados en el mes así como el número de nuevos autores, las estanterías nuevas creadas, el ranking de libros más añadidos a ellas, los usuarios más activos, los autores más seguidos, el número de nuevas opiniones creadas, número de «gigs» vendidos así como su tipo, origen geográfico de los visitantes de la web, y un larguísimo etcétera. Marea un poco, y eso que «Hub de Libros» no es un proyecto excesivamente grande aún. En la sombra, existe toda una infraestructura dedicada a recopilar datos sin que el usuario tenga la más mínima idea (y sin que el rendimiento de la interfaz de usuario se vea afectado).

Además, necesitas métricas de rendimiento para comprobar que todas y cada una de las secciones de la web funcionan con un rendimiento óptimo (que no es más que responder en menos de un segundo a cada interacción del usuario), así como datos sobre los costes que te genera la infraestructura cada mes.

Algunos de los datos anteriores serán considerados KPIs («key performance indicators» o «indicadores de rendimiento clave») para confirmar que tu proyecto camina sólidamente hacia los objetivos esperados (en forma de usuarios, contenidos, rendimiento económico, etc).

En cualquier caso, se intuye que ahí hay una gran cantidad de trabajo más allá de la necesidad de seguir añadiendo o modificando funcionalidad a tu proyecto, más opciones, etc.

La «analítica de datos» consiste en analizar toda esa información para dar respuesta a las preguntas anteriores, y no tiene por qué ser algo difícil de realizar, tan solo debes medir aquello que pienses que te puede dar una idea clara del progreso de tu proyecto (ventas, ingresos, ventas o ingresos por producto, clientes, usuarios, etc).

Al guardar esas métricas periódicamente, irás viendo cierta tendencia en el comportamiento de tu proyecto, y con toda esta información, lo tendrás todo para tomar decisiones, esto es, sabrás qué funciona mejor y qué no funciona, la tendencia en el tiempo de esto y lo otro, y, por tanto, podrás decidir si mejorar cierta funcionalidad, intensificar las campañas o promociones, etc.

Lo importante, más que el cómo guardar los datos y el cuándo analizarlos, es la idea de que los necesitas como base para avanzar y seguir evolucionando tu proyecto.

Esta dinámica es sencilla de poner en marcha, y es precisamente lo que define la metodología «lean», que, en esencia, consiste, como hemos dicho antes, en: Iterar > Medir > Persistir / Pivotar / Mejorar. Ese «medir» consiste en analizar los datos anteriores y el resultado de ese análisis nos conducirá a persistir, pivotar o mejorar, y vuelta a empezar.

Muy rara vez un proyecto funciona desde el minuto uno en que se lanza, de ahí que sea clave ese trabajo de análisis para averiguar el comportamiento de los usuarios y tomar decisiones al respecto. Siento decírtelo, pero este trabajo es tan importante como arduo.

Por poner algunos ejemplos... Imaginemos que en Hub de Libros veo que un porcentaje alto de usuarios vienen de México; teniendo esa información, ¿no debería intensificar la promoción en ese país? Al hacerlo, probablemente mejoraría los resultados; la cuestión es que con esos datos (mayores visitas desde México), puedes tomar decisiones.

O bien descubrimos que un 60% de las visitas se realizan a libros de género romántico y suspense (y por tanto podríamos incluir una sección específica para esos géneros), o que solo dos de los «gigs» que se comercializan acaparan el 80% de las ventas, o bien que hay treinta autores que son seguidos masivamente, etc.

Datos, datos y datos. Solo a partir de ellos se deben tomar decisiones.

La «analítica» es un asunto clave y una ciencia en sí misma con su complejidad, de modo que si eres tú mismo el que inicialmente va a hacer este trabajo, te recomiendo que te leas algunos libros al respecto (en las referencias incluyo varios que me gustan mucho) o que asistas a algún curso.

Yo lo veo así: lanzas el proyecto y en un principio, éste es un barco que va a la deriva perdido en medio del océano, pero con el paso del tiempo (quizá muchos meses o años), vas recabando mucha información útil que analizas periódicamente y que te ayuda a ir poco a poco corrigiendo el rumbo hasta que un día, por fin, las métricas de éxito de tu proyecto (sean cuales sean) comienzan a estar en positivo, o bien, después de mucho tiempo, descubres que el barco sigue cada vez más perdido, y entonces ya sabes la respuesta a la hipótesis que te planteaste inicialmente con tu proyecto.

Con datos y analítica, es mucho más probable encontrar el rumbo lo antes posible; sin ellos, ¿quién sabe lo que puede pasar? Nadie, quizá la suerte, de ahí lo de «hipótesis».

Piénsalo: si no mides de algún modo el impacto de una campaña de algún tipo, ¿la volverías a hacer? Si no sabes qué hacen los usuarios en tu web ni de dónde vienen (búsquedas, referencias o redes sociales), ¿cómo enfocar mejor el proyecto y mejorarlo?

Ya lo hemos mencionado a lo largo de este libro: el trabajo no se acaba cuando se lanza la primera versión de tu proyecto, sino que se continúa en otra fase en la que el análisis tiene más peso que el añadir o mejorar la funcionalidad.

Por último, si la información a analizar es masiva (del orden de millones o decenas de millones de datos), existen herramientas específicas para este trabajo con las que primero «vuelcas» toda la información y después la analizas más ágilmente, como SAS, Tableau, Qlikview, etc.

Define los indicadores clave de tu proyecto (que, por otra parte, pueden cambiar con el tiempo), mídelos y a partir de su análisis, decide los siguientes pasos.

#8 Disciplina

Un poco más de crecimiento personal...

Opino que la disciplina es un concepto que no está del todo bien entendido; para la mayoría de las personas, es sinónimo de esfuerzo, trabajo duro, algo que hacemos de forma obligada o impuesta.

Sin embargo, como veremos, la autodisciplina es un gran favor que te puedes hacer a ti mismo, y como habilidad personal, se puede aprender e instaurar como hábito.

Como cualquier otro propósito importante que te propones en la vida, lanzar un proyecto emprendedor como «Hub de Libros», requiere tener claro una hoja de ruta y unas fechas (hitos) que cumplirás, o al menos lo mejor posible. Yo creo que un «hito» es algo así como una luz en el camino que te indica la dirección, tanto si llegas correctamente a él el día indicado como si te quedas cerca; lo importante es esa dirección y no desviarte de ella.

Pero somos humanos, y aunque cada día tenga las mismas veinticuatro horas, cada día es diferente: surgen asuntos imprevistos, hay una tarea que te ha dejado exhausto y te impide hacer más, te reclaman asuntos familiares ineludibles, sencillamente estás cansado, la discusión con tu pareja del día anterior te ha dejado de mal humor, o bien otros días estás lleno de energía y muy motivado, puede que porque sea viernes, comienzas un periodo de vacaciones o has terminado de pagar la hipoteca.

Esto es, somos una montaña rusa emocional que, de algún modo, debemos aprender a gestionar.

¿Y qué tiene que ver esto con tu proyecto emprendedor?

Todo, porque por extraño que parezca, para cualquier actividad que realizamos, nuestro ser emocional se impone sin que lo podamos evitar sobre todos los demás ámbitos de nuestra vida, el trabajo también.

¿Estás contento? Seguramente trabajarás más ese día y serás más creativo y productivo. ¿Estás algo triste? Puede que hagas todo lo contrario y te atiborres de chocolate.

Pero hay un camino intermedio en el que aprendes a gestionar y aceptar tus emociones inteligentemente y seguir adelante.

Cada uno funcionamos de forma diferente, e incluso con la edad, nuestra percepción de las cosas va cambiando; no obstante, es inevitable que tengamos que aprender a detectar y controlar en cierto modo este estado emocional, que tanto va como viene o se transmuta en otro.

El imponernos cierta disciplina consiste en decirnos a nosotros mismos que no importará cómo nos sintamos o lo que ocurra una semana en particular: nos predisponemos a cumplir con un objetivo importante a largo plazo cumpliendo pequeños objetivos en el día a día, disciplinadamente. Cada día, o los momentos que tú te hayas prefijado de la semana, te sientas como te sientas, te pondrás a trabajar en esos momentos y cumplirás con tus tareas para avanzar en ellas.

Puede que suene a algo militar, aunque en realidad, la disciplina de cumplir periódicamente con las tareas que te has asignado a ti mismo, es un hábito y rutina que nos sirve para hacer algo sí o sí quitando de la ecuación todo ese torbellino emocional y anímico que es el ser humano. Y hacerlo tiene consecuencias casi mágicas que te voy a explicar a continuación.

Cuando tienes entre manos algo con lo que estás ilusionado pero en lo que tienes que trabajar duro mucho tiempo, el sentarte cada día para avanzar aunque sea un poco, te hace sentir satisfecho de ti mismo. «De acuerdo», te dices, «ya pase lo que pase hoy, yo ya he cumplido conmigo mismo».

Te da autoestima, porque al cumplir con tus propios objetivos, eliminas la incertidumbre de no controlar en cierto modo tu vida: te demuestras a ti mismo que, al margen de las circunstancias, tú harás lo que tienes que hacer.

Y, por último, descubrirás que tan pronto como te creas el

hábito de dedicar cada día algo de tu tiempo a ese proyecto u objetivo, comienzas a verlo como un momento en el que, por fin, puedes estar centrado haciendo algo muy concreto.

Te hace sentir «avanzar».

¿Hacia dónde? Hacia tus objetivos, claro.

¿Cómo? Mediante la acción, obvio.

La mayoría de los proyectos que se terminan, tienen detrás a gente que ha trabajado con autodisciplina en ellos y resolviendo continuamente inconvenientes y atendiendo a la vez muchas otras cuestiones. Y nosotros no vamos a ser diferentes. No seamos torpes y veamos solo la punta del iceberg ignorando que para lanzar algo importante que funciona, hay que tener un golpe de suerte con algo que ha costado poco esfuerzo realizar.

Yo no me considero una persona «lista», ni siquiera demasiado inteligente, más bien en la media, claro, pero te puedo decir con toda seguridad que las personas que son capaces de trabajar con disciplina y una dirección clara, consiguen más resultados que otras con un coeficiente intelectual mucho más alto (y algo perezosas y sin dirección).

Este libro es un buen ejemplo de ello: me propuse desarrollarlo a lo largo de tres meses como mucho (hito), y para ello establecí un plan que intentaría cumplir al máximo con disciplina al menos la mayor parte de las veces.

Cada mañana, después de practicar yoga y de salir a caminar o correr un rato si el tiempo me lo permite, y antes de ponerme con el resto de mis obligaciones profesionales, me siento y activo treinta minutos el cronómetro de mi móvil. Ni uno más ni uno menos. En esa media hora, desactivo todas las notificaciones que pueda recibir (hasta las llamadas) y trabajo lo más concentrado posible en la siguiente tarea del libro (que puede ser escribir una nueva sección, repasar y revisar las anteriores, plantear nuevas, etc.).

Suena la alarma del cronómetro, termino la tarea que esté haciendo, cinco minutos más o cinco minutos menos, y hasta el día siguiente.

Esta mini disciplina me permite trabajar un rato día a día en este libro hasta su finalización y publicación, hasta el punto de que llega un momento en el que si por alguna razón no puedo dedicarle ese tiempo, me siento como si no me cepillara los dientes, como si al día le hubiese faltado algo. Del mismo modo trabajo en «Hub de Libros».

Si la motivación es la correcta, si haces algo para lo que estás muy motivado, la disciplina es sencilla de implantar y la herramienta que te permite trabajar periódicamente en ello.

Por resumirlo de algún modo...

¿Cómo eres capaz de trabajar en algo importante como un propósito?

Porque te motiva lo suficiente.

¿Cómo sabes lo que tienes que hacer cada semana?

Porque te has creado una hoja de ruta (planificación) y lo has dividido en tareas.

¿Y cómo eres capaz de no fallar para trabajar en ellas?

Creándote el hábito de la disciplina.

Motivación, planificación y disciplina: todo lo demás surge de ahí.

Ohhhmmmm

;-)

#9 Afilando el Hacha

Se cuenta la historia de aquel leñador al que le encargaron cortar los árboles de una montaña; el primer día cortó muchos, el segundo algo menos, y el tercero no llegó ni a la mitad del día anterior. Su patrón le preguntó cuándo fue la última vez que afiló su hacha; el pobre leñador, cansado de que cada vez le costase más derribar un nuevo árbol, le respondió que no había tenido tiempo, que había estado todo el día ocupado trabajando (esta es, más o menos, una versión muy resumida del cuento).

Nada peor para en emprendedor que trabajar demasiado tiempo en un único proyecto, la misma tecnología, una única metodología, un único mundo ignorando la riqueza que se puede encontrar en los demás.

Si todos tus esfuerzos se dirigen a un mismo tipo de solución, quizá te estés perdiendo la oportunidad de conocer otro tipo de enfoques y de productos, también formas diferentes con las que otros programadores hacen su trabajo. Esto es, te estás poniendo unos límites muy pequeños como profesional.

Pienso que es muy enriquecedor abordar diferentes tipos de proyectos a lo largo de los años; para eso, no hace falta que en tu empleo oficial de nueve a cinco intentes hacer cosas nuevas. La lista es infinita, el límite solo te lo pones tú.

Yo para esto tengo una receta propia: a menos que me interese algo, si reconozco que no tengo ni idea del asunto, la bombilla se me enciende y ya mi curiosidad me va llevando sola para encontrar respuestas.

«Ahhh, Docker», me decía hace varios años. «¿Los contenedores son así como máquinas virtuales ligeras? ¿Cómo? ¿Y eso de Kubernetes? ¿Un nuevo paradigma de despliegue de aplicaciones? Ni idea», y entonces ya tenía el terreno abonado (y la curiosidad) para aprender todo lo relacionado con ello, al menos lo suficiente como para integrarlo en mi kit de herramientas y conocimiento como profesional.

Sea cual sea el tema al que te dediques, puedes hacer lo mismo.

Me suena extraño decirlo, pero llevo en mi profesión más años de los que recuerdo, y aún así, rara es la semana que no aprendo algo nuevo, por pequeño que sea, y hasta descubro de vez en cuando cosas asombrosas de otros que yo nunca habría sido capaz de crear. Esto es así porque la creatividad no tiene límites y nuestro trabajo como desarrolladores profesionales es una actividad esencialmente creativa con «apariencia técnica», como suelo repetir.

Pero no estamos hablando solo de desarrollo de software, sino de emprendimiento en general, para lo que también hay que conocer bien proyectos similares a los que estás planteando con el tuyo.

Durante el desarrollo de «Hub de Libros», no solo he estado trabajando en ese proyecto, ni mucho menos; además de las soluciones que dirijo actualmente desde Solid Stack, de vez en cuando he estado realizando, casi por jugar, ciertas pruebas de concepto y, por supuesto, viendo a fondo algunos repositorios de código que me gustan mucho y cuyos autores admiro como profesionales. Además, durante este tiempo he impartido algunas «mentorías» a compañeros de otras empresas sobre calidad de software y prácticas de código limpio, refactoring y testing, lo que me ha permitido «recordar» algunos conceptos que no tenía tan presentes. También, las entradas que periódicamente escribo en mi blog y hasta los capítulos de mis libros, son ejercicios que me permiten asentar conocimiento.

Comento todo esto a modo de circunloquio por lo que te voy a decir a continuación.

Puede parecer que no hago otra cosa en mi vida; nada más lejos de la realidad. Tengo muy claros los límites que existen entre mi profesión y el resto de áreas que deben formar la vida de una persona, sabiendo que debe existir un equilibrio entre todas.

También es cierto que, quizá, y puesto que nuestro trabajo

«oficial» engulle gran parte de nuestro tiempo productivo, para todo lo que comentaba más arriba hace falta dedicar tiempo y éste tiene que salir de algún sitio, quizá priorizando todo eso sobre cierto tipo de ocio vacío como ver demasiada televisión o dormir demasiado.

Todo lo anterior es nuestra forma particular de «afilar el hacha» como profesionales y emprendedores. Está en nuestras manos convertirnos en unos profesionales estancados en unas zonas de confort muy reducidas, o salir de ella y «ver mundo». Recomiendo esto último, por si aún no te habías dado cuenta, porque es el único modo de enriquecer tu trabajo (y tu carrera profesional) poco a poco, ser más versátil y, por tanto, aumentar además tu valor como profesional.

También entiendo que quizá a un ingeniero informático de «vocación», como yo, todo lo anterior le pueda resultar un poco más sencillo, pero no se puede olvidar que nuestra profesión es de las más dinámicas que existen, es más, cada día que pasa es incluso más difícil definir exactamente los límites de ella porque la tecnología, actualmente, es más transversal que nunca y casi todo se solapa.

Afilar el hacha es una necesidad para los desarrolladores de software en particular pero también para todos los emprendedores en general, y todavía lo es más para los que nos lanzamos a crear de la nada nuestros propios proyectos y negocios, para lo que hacen falta otro tipo de habilidades.

En «Hub de Libros» he concentrado ideas y hasta pequeños

proyectos software que germinaron en otros trabajos que nada tenían que ver con lo que finalmente he creado dedicado al mundo del libro y de la democratización de la publicación.

Me gustaría pensar que la mucha o poca experiencia que has ido acumulando en tantos proyectos tan diversos, finalmente te sirve para crear algo nuevo y hacerlo aceptablemente bien, sin ignorar que afilar el hacha también consiste en ver los proyectos de otros compañeros y empresas, y, quizá, detectar cosas que mejorar.

Dedica algo de tu tiempo a afilar el hacha en todo aquello que te interese. Poco a poco, como por ósmosis, todo lo que hagas se verá beneficiado y tus proyectos emprendedores se enriquecerán.

#10 Economía Gig

No hace muchos años, realizar cualquier tipo de proyecto suponía tener una red de colabores cercanos de un tipo u otro, contar con financiación de agentes también locales y ofrecer tus servicios y productos también a un entorno local.

Llegó Internet, y lo cambió todo (sí, decir esto es evidente, pero lo comento por si aún no te has dado cuenta).

De repente, las largas distancias ya no son tales y mediante las redes sociales descubrimos lo fácil que es recuperar el contacto con aquellos familiares que se fueron a vivir a otro país o incluso volver a saber de tus amigos de infancia.

Y la economía también cambió, poniendo a nuestro alcance (casi a golpe de clic) millones de nuevas posibilidades, productos y servicios, tanto para consumirlos como para ofrecerlos.

Y también clientes.

Hay quienes se han dado cuenta de esa ola, y otros que todavía necesitan conocerla un poco más para saber que existen muchas más puertas abiertas de las que pensamos para todo lo que nos propongamos. ¿Por qué realizar algo para venderlo en tu entorno cercano cuando la tecnología nos permite llegar a casi cualquier parte del plantea?

Del mismo modo, nuevos modelos y paradigmas laborales están surgiendo: profesionales independientes (agentes libres o «freelancers») se dieron cuenta rápidamente que podían ofrecer sus servicios a cualquier persona o compañía del planeta con acceso a Internet, surgiendo portales como Fiverr, Upwork, Toptal y muchos otros desde donde proponerte como profesional y, ¿por qué no?, trabajar desde casa de aquello que sabes hacer bien: diseñador, maquetador, programador, creador de contenidos, mantenimiento de sistemas, revisión de textos, traducción de libros, etc. Los límites y la oferta de tus servicios los pones tú.

Es más, parece que esta es la tendencia creciente, como un nuevo paradigma laboral: las compañías contratan a un personal mínimo fijo, todo lo demás, se externaliza a profesionales independientes sin importar dónde vivan o dónde paguen sus impuestos, trabajando por proyectos.

No entro en valorar si esto es bueno o malo, que cada uno se forme su opinión, pero sí indico que esto es lo que está sucediendo ya (en USA el 30% de los trabajadores son «freelancers»).

Si lo piensas desde un punto de vista del riesgo, como profesional, llegarás a la conclusión de que es menos arriesgado depender de muchos clientes que de un solo empleador. Claro está, para lo primero, debes pulir otro tipo de habilidades que no son solo técnicas (marketing, tu propia marca personal, facturación, inglés, etc.)

En respuesta a todas estas nuevas posibilidades que permite la tecnología, surgió entonces lo que se denomina la «economía gig» y el nirvana para profesionales altamente cualificados que se han dado cuenta de que trabajar en un empleo para una misma compañía es más arriesgado (y económicamente peor) que ofrecer tus servicios a muchas organizaciones diferentes, trabajar por proyecto, diversificando tus clientes (particulares, otros profesionales, empresas) y con una dinámica de trabajo diferente al esquema de nueve a cinco y salario mensual (aparentemente más seguro).

Un «gig» es un servicio (o microservicio) especializado que un profesional realiza para ti para cubrir cualquier necesidad que tengas, sea algo que le puede llevar una hora como varios días. Este esquema de trabajo puede tener sus luces y sus sombras, pero bien aprovechado, nos abre un nuevo mundo de posibilidades, tanto si compras gigs para tu proyecto como si los suministras a tiempo completo, parcial o como ingresos extra a tu trabajo «oficial».

Una parte de tu proyecto se puede descomponer en una serie de micro tareas (gigs) que puedes subcontratar a profesionales en cualquier parte del mundo encontrando mucha mejor calidad y precios más competitivos que en tu entorno local. También puedes contratar, claro está, el proyecto completo o una primera versión del mismo.

Por poner unos ejemplos, en «Hub de Libros» he contratado gigs a través de Fiverr: los logos (28€), un «theme» para la incorporación de webs de autor (17€), la portada de este libro (49€) y, por el momento, alguna campaña de promoción.

«Hub de Libros» también nació con la vocación de ofrecer servicios a autores para que puedan generar sus obras con calidad y publicarlas mundialmente.

Varios componentes se encargan de ello. Sobre esta parte, me gustaría destacar algunos puntos.

Un usuario puede contratar un gig de los disponibles. Cuando elige uno, se lanza un «flujo de trabajo» para que indique fácilmente todo lo que se necesita para el gig.

Cuando se termina de lanzar la petición, algunos gigs directamente pueden ser abonados, otros requieren validación. Desde el panel de administración se tiene todo lo necesario para valorar el gig, asignarle el precio correcto y cambiar su estado de modo que el usuario reciba un correo y una notificación para que sepa que ya puede realizar el pago.

Hemos integrado la pasarela de Stripe para la realización de pagos con muy buen resultado: me llevó más tiempo activar la cuenta con los datos de mi empresa en el portal de administración de Stripe que implementar el componente que se encarga de los pagos en Hub de Libros.

Yo creo en la economía gig, pienso que es un escenario maravilloso para profesionales cuyo espíritu es el de mejorar continuamente, pero también para crear servicios que se venden automáticamente desde tus proyectos.

Visto desde cierto punto de vista, «Hub de Libros» es una plataforma para comercializar gigs (servicios) a autores, atrayendo a éstos y a sus lectores mediante contenidos y utilidades (otros muchos autores, sus libros, opiniones, estanterías, artículos, webs de autor gratuitas, etc.) y con una fuerte infraestructura de analítica y administración para saber qué ocurre en cada momento.

Y tú puedes darle a tu proyecto un enfoque similar, tanto ofreciendo servicios (gigs) como contratándolos para su desarrollo.

#11 Procedimientos

El proyecto ya está en abierto, los usuarios lo pueden utilizar y puede que hasta comience a generar algún tipo de resultados en la forma de clientes.

Aunque ya hemos visto que el trabajo no termina sino que en esa fase debe continuar centrando los esfuerzos en el desarrollo del negocio y otros aspectos del mismo como la promoción, comunicación al mercado, etc., puede que te preguntes, ¿y ahora cómo hago todo esto?

Mantener un proyecto en vivo no es cosa trivial, hay mucho trabajo en la sombra como sabrás ya a estas alturas del libro. Actividades esenciales de mantenimiento (como backups, «checklists» para la comprobación de que todo funciona correctamente, etc.), tareas de marketing (contactar clientes potenciales, lanzar campañas, plantear Meetups, etc), también actividades de toma de métricas (análisis de los ingresos y gastos, su comparación con meses o semanas anteriores, analítica de todos los datos que has definido como importantes para tu proyecto), incluso la decisión de implementar nueva funcionalidad de forma incremental.

Parece abrumador, pero no lo es, tan solo necesitamos un método que nos permita empaquetar todo eso en tareas. Recuerda un capítulo anterior de título «El Poder de las Microtareas»; en este caso, estas tareas no son exclusivamente de añadir o mejorar funcionalidad en tu proyecto, sino de gestionarlo para que crezca y mejore sus resultados controlando todos sus aspectos.

La cuestión es que este otro tipo de tareas se tienen que hacer regularmente, quizá una vez a la semana o al mes, o quizá a diario, depende de su naturaleza.

Del mismo modo, y puesto que queremos diseñar un sistema que sea capaz de funcionar «sin nosotros», estas tareas deben estar lo más definidas posible para que cualquiera, con el menor esfuerzo de aprendizaje, sea capaz de realizarlas, para, quizá, lanzar nosotros las más relevantes. Para ello, hay que seguir la siguiente regla: el colaborador con menos experiencia en el proyecto debe ser capaz de lanzar cualquiera de esas tareas ya que éstas están bien definidas. Esta es la clave para delegar.

Por último, la mayoría de este otro tipo de tareas generarán algún resultado. Una tarea de mantenimiento, como por ejemplo, la realización de los backups de las bases de datos, tan solo se hace, se comprueba que esté todo bien y poco más, pero otro tipo de actividades, como «ingresos mensuales brutos», «número de usuarios activados» o «desglose de visitas únicas por áreas geográficas», finalizarán con datos que hay que conservar para su análisis comparativo con semanas o meses anteriores. Para ello se puede utilizar una herramienta particular o cualquier otra cosa que sea práctica, como un excel, pero lo importante es guardar el dato para que podamos conocer la evolución del mismo con el tiempo y obtener conclusiones.

Esto es, todo lo anterior lo encapsulamos en el concepto de «procedimiento».

¿Qué es un procedimiento en este contexto?

Por describirlo de forma breve, consiste en una tarea que se ejecuta periódicamente de forma automática o manual, para la que está descrita con exactitud qué hacer y cómo, y que indica además si genera algún dato como resultado y la forma de guardarlo para su análisis posterior.

Un procedimiento es, por tanto, algo muy concreto y que como el resto de las microtareas definidas en este libro, se debe realizar en poco tiempo.

De este modo, según la naturaleza de tu proyecto, definirás un conjunto de procedimientos (que llamamos catálogo de procedimientos) antes o después del lanzamiento del producto mínimo viable.

¿Cuál es tu trabajo principal después de lanzar el PMV? Ejecutar los procedimientos que has definido.

El procedimiento puede estar descrito en un simple documento, con un identificador sencillo (como MNT-01, MNT-02, etc. para los de mantenimiento) y varias secciones indicando todo lo anterior (tipo de recurrencia, descripción, resultados, cómo guardarlos y hasta el tipo de rol de persona que lo debe ejecutar, todo depende de tu proyecto en concreto).

Para tener visibilidad clara de los procedimientos que has definido y en qué momento hay que lanzarlos, puedes incluirlos en un simple documento con una tabla u hoja de cálculo indicando el identificador del procedimiento y la próxima fecha de ejecución, junto con cualquier otro dato que te resulte de utilidad. Es lo que denomino «matriz de procedimientos».

Así, comienza la primera semana del mes, y ya tienes identificados en esa matriz todas las actividades a realizar sobre el proyecto, al margen de aquellas relacionadas con las mejoras del mismo.

Esto es, básicamente, lo que describo con más detalle y muchos ejemplos en mi libro «El Método Lean MP», como una metodología sencilla para realizar todo esto.

Hemos hablado mucho acerca de hacer las cosas necesariamente simples, ¿no te parece que esta metodología para trabajar «sobre tu proyecto» no es simple?

Un punto muy importante: el catálogo de procedimientos se define una vez, pero tu trabajo como responsable (o CEO) del proyecto consiste también, practicando de nuevo kaizen, en mejorarlos, eliminar los que demuestran que son irrelevantes, incluir nuevos, etc. Como cualquier otro aspecto del proyecto este catálogo también evolucionará, de ahí de mantenerlo de un modo insultantemente simple.

Actualmente, en «Hub de Libros» hay definidos unos treinta procedimientos de trabajo; la mayoría se lanzan una vez al mes y raro es aquel que lleva más de una hora ejecutarse. Poco a poco voy recopilando datos de esto y lo otro, de modo que cuando pasen unos meses, tendré una foto más exacta del funcionamiento de las áreas que a mí me parecen relevantes para el progreso del proyecto.

Este catálogo actual, probablemente no tendrá nada que ver con el de dentro de un año, del mismo modo que Hub de Libros, en su versión actual (la #20) también habrá cambiado para entonces.

#12 Simplifica

Circunloquio algo técnico: Llevo muchos años estudiando (e implementando) todo lo relacionado con las prácticas de código limpio y de «refactorings», para lo que he escrito muchos artículos así como «El Libro Práctico del Programador Ágil» e impartido varias formaciones. He descubierto que cuando un programador lleva varios años haciendo algo a «su modo», con sus vicios y virtudes, es muy difícil cambiar su forma de trabajar, y hasta me atrevo a decir que lo mismo ocurre con cualquier otra actividad.

Esto es totalmente humano: nos aferramos a lo conocido (aunque intuyamos que ahí afuera hay formas mucho mejores). Te vas a dar cuenta de ello si todos tus proyectos los haces más o menos de la misma forma.

Ignoro si es precisamente por haber roto la barrera de los cuarenta años, pero con el tiempo te vas dando cuenta de que se disfruta más de la vida (de tu hogar, de tu familia y amigos) evitando la complejidad y, quizá, instalando en el día a día cierta rutina productiva y creativa.

Esto es, por alguna razón misteriosa, solemos caer en ese error de creer que algo cuanto más complicado, mejor, cuanto más, aún mejor, sin pararnos a pensar en ello ni vislumbrar la posibilidad de que ese algo, sea lo que sea, se puede hacer de un modo más sencillo y con el mismo resultado.

Recuerdo con cariño a un antiguo compañero de trabajo de una etapa laboral anterior; era muy bueno técnicamente, lo que hacía funcionaba, y lo desarrollaba rápido, pero tenía el problema de que solo lo entendía él. Cualquiera que tuviese que asumir algunos de sus proyectos o librerías, tenía un problema serio.

También me he encontrado, a mi pesar, ciertas actitudes de profesionales que intentan hacer las cosas exageradamente complejas adrede (como si así su valor fuese mayor) y hasta clientes que, al percibir la complejidad de un producto, asocian extrañamente que también su valor es mayor.

Mi opinión es que más que añadir complejidad, hay que quitarla y buscar lo simple. Y aún mejor si es extremadamente simple: en tu trabajo, en la forma de abordar proyectos, y también hacer simple el resto de cosas de nuestra vida, las relaciones familiares, nuestro hogar, nuestros hobbies, etc.

Simple no quiere decir fácil, más bien lo contrario. Buscar la sencillez suele ser algo complejo, por extraño que parezca, al menos al principio.

En los últimos años he leído mucho acerca del minimalismo, «downshifting» y conceptos parecidos, para lo que recomiendo un título que me gustó especialmente: «El Arte de Vivir con Sencillez», de un monje zen japonés de nombre Shunmyo Masuno.

¿Y qué tendrá que ver esa filosofía de vivir de forma sencilla con el desarrollo de un proyecto emprendedor?

Pues todo, porque en definitiva, volcamos en nuestro trabajo nuestro modo de pensar y de actuar. La mente dispersa de una persona poco disciplinada, que divaga, desconcentrada, cuyo escritorio de trabajo es un almacén de recuerdos desordenado y cuyo hogar muestra la misma falta de orden (y limpieza), necesariamente va a impregnar su trabajo creativo con su mismo modo de vida.

Sí, Charles Bukowski, por poner un ejemplo, era un gran escritor, pero también un alcohólico amargado y seguramente un cerdo como persona, pero dejemos a los genios como la excepción que confirma la regla.

De unos años hasta ahora, soy un apasionado de la sencillez y de lo simple, y con el tiempo he descubierto que en el desarrollo de software en particular y el emprendimiento en general, esto trae muchas más ventajas de lo que pueda parecer al principio.

Independientemente de en qué consista tu proyecto, hacer un proyecto software sencillo no es trivial, es más, pienso que, al contrario de lo que parece, es algo bastante complicado para lo que hace falta mucha experiencia.

Pero también hace falta buscar la sencillez dedicándole tiempo y parte de las iteraciones de desarrollo.

«Esto ya funciona», me digo a menudo, pero «¿hay algún modo de simplificarlo aún más?»

En la realización de productos que lidero para la empresa que es mi principal cliente, siempre organizo «sprints» para mejorar esto y lo otro antes de avanzar con más funcionalidad y, como consecuencia, la velocidad posterior es mayor (cómo me cuesta trasladar esta idea a los responsables de equipos...).

No es un capricho, es más bien una necesidad, sobre todo en productos y proyectos que sabes que te van a acompañar mucho tiempo o que en algún momento tienes que delegar en otros. Cuanto más sencillo, más barato y fácil será su evolución y con más facilidad otros compañeros asumirán ese trabajo. Hazles un favor y déjales las cosas limpias y ordenadas, te lo agradecerán.

Si necesitas comenzar a delegar para crecer profesionalmente y asumir otro tipo de responsabilidades, todo irá mejor si aquello que delegas puede ser digerido fácilmente por otros. Es decir, esa búsqueda de la sencillez en lo posible, te permite más libertad.

Busco siempre soluciones sencillas, lo más sencillo que se pueda poner en práctica.

Piénsalo, ¿para qué complicarnos la vida cuando podemos vivir de un modo más simple e igualmente gratificante, o incluso más? ¿Por qué implementar algo de forma rebuscada cuando lo podemos hacer con una sencillez envidiable?

De vez en cuando, me gusta realizar el siguiente ejercicio: navego un poco por GitHub a la caza de proyectos que me llamen la atención. Entro en ellos y, sin saber exactamente qué hacen ni cómo, busco puntos de mejora evidentes (para hacerlos más sencillos), reconociendo rápidamente los «bad smells» (o «malos olores») y tratando de imaginar un modo de hacerlo un poco mejor, refactorizando esto o aquello, cambiando esto otro para que esté más limpio y legible.

En ocasiones, me encuentro con auténticas joyas en este sentido, proyectos admirables de desarrolladores con un código envidiable y muy trabajado. Por extraño que pueda parecer, te puedes preguntar... ¿cómo serán el escritorio y la casa de esta persona? ¿Habrá coherencia entre este magnífico trabajo y su modo de vida? Apuesto a que sí.

Añade sencillez a tu trabajo, tu proyecto emprendedor, a tu organización y metodologías, a tu código, a tu forma de expresarte y de comunicar tus ideas y tus presentaciones, al contenido de tus correos y multiplicarás los resultados de todo tipo.

Solo sobrevive lo simple, lo artificialmente complejo suele terminar abandonado.

«Como haces algo, así lo haces todo»

¿Cuándo Termina un Proyecto?

Existe una gran confusión acerca de cuándo se puede dar por finalizado un proyecto emprendedor. Hablamos de probar una idea, materializarla y comprobar si tiene aceptación o no; no nos referimos a esos proyectos «llave en mano» contratados por un cliente bajo unos requerimientos previos.

Este es el octavo libro que escribo desde que comencé a publicar en 2014 de forma regular. Para mí un libro no es otra cosa que un «proyecto», y en el caso de un contenido de no ficción, como éste, se trata de empaquetar conocimiento para que sea fácilmente digerible para otros, ayudando a los lectores a mejorar algo en lo personal o profesional. Sin duda, confío en que hayas adquirido este trabajo para eso, ¿no?.

Siempre me digo... «si esto me ha funcionado a mí, entonces a otros puede que también».

Yo me considero afortunado de poder ayudar algo a otros desarrolladores, responsables de equipos y directivos, a cambio, éstos me pagan por mi trabajo, como un proyecto emprendedor más. Todos ganamos, todos contentos, así funciona una economía de servicios.

Volviendo al ejemplo del libro, cada escritor tiene un proceso específico para abordar su trabajo: unos escriben de noche, otros por la tarde, otros cuando tienen ganas y habrá quien, como yo, cuando se propone un proyecto así, se planifica cada día un tiempo para avanzar en este trabajo, aunque sea media hora los días de entre semana y una o dos los fines de semana. Ya hemos visto, en el capítulo dedicado a la necesidad de trabajar concentrado, cómo podemos ser muy productivos siempre y cuando esa media hora (piénsalo, treinta minutos) dedicas toda tu cabeza a algo muy concreto.

Un día escribes un nuevo capítulo (unas mil palabras de media), otro estructuras el contenido mejor, otro revisas capítulos anteriores, etc., así, iteración tras iteración, mejora tras mejora, grande o pequeña, vas avanzando en tu proyecto, sea escribir un nuevo libro, algo como «Hub de Libros» o terminar ese puzzle de 5000 piezas que te regalaron en tu cumpleaños.

En ocasiones me preguntan cuándo sé que el libro «está terminado». Aunque pueda parecer extraño, no tengo ni idea y ni siquiera sé cómo se puede saber cuándo un libro está acabado, porque, como digo, un aspecto que me atrae mucho de escribir es la libertad absoluta que tienes para hacerlo, sin obligación de seguir dogmas ni guías que otros han pensado y que puede que para que ti no funcionen.

Más que dar por finalizado un libro, para mí el punto está en considerarlo suficientemente maduro y profesional como para publicarlo para que otros lo lean y obtengan algo positivo de él: ese es el momento en el que me digo a mí mismo que ya lo puedo publicar.

Soy muy quisquilloso con los detalles: ante una nueva revisión de un capítulo, si encuentro algo que no me gusta del todo, lo doy vueltas y vueltas hasta que quede mejor.

Esto es, trabajo por iteraciones: tarea > revisión > mejora > tarea > revisión > mejora..., así hasta que cierta intuición te dice «ya está». Y aún así, ante una nueva lectura completa del texto, siempre encuentras algo nuevo que aportar, algún párrafo que mejorar, más y mejores ejemplos, quizá piensas en enriquecer el texto con un nuevo capítulo, etc.

A diferencia de un libro que, una vez que lo publicas, ya está y, si acaso, haces una revisión o nueva edición del texto cada cierto tiempo, si bien un proyecto software emprendedor se realiza con la misma dinámica que he descrito anteriormente, el trabajo no termina en el momento en que se lanza y los usuarios ya pueden utilizarlo. Nada más lejos de la realidad tal y como hemos visto siguiendo la metodología «lean».

Esto es, si un libro no se puede dar nunca por terminado del todo, un proyecto emprendedor menos todavía.

Existe la idea muy extendida de que una vez que lanzas un proyecto, sea del tipo que sea pero en especial los digitales, ya tan solo tienes que esperar a hacer caja, los usuarios llegarán solos y todo funcionará automáticamente y a las mil maravillas. La descripción mediática de ciertos superproyectos de éxito ocultan siempre la dinámica que hay detrás para llegar a ese éxito.

El proyecto no termina nunca, al menos hasta el día que decidas venderlo o cerrarlo.

Me explico.

La primera fase de un proyecto consiste en crear una funcionalidad «suficientemente madura» para darla a conocer (lo que se denomina el «producto mínimo viable» o PMV). Ya hemos hablado en otro capítulo acerca de que en metodología «lean», como nadie tiene una bola de cristal para adivinar el futuro, esa funcionalidad que creemos que es de utilidad no es más que una hipótesis, como por ejemplo: ¿querrán los autores contratar los «gigs» que aparecen en «Hub de Libros»? ¿Les encajará el precio y la dinámica de funcionamiento?

Por tanto, publicar por primera vez el proyecto en abierto, no es más que lanzar la pregunta al mercado de ¿os gusta?, ¿lo creéis útil? Si es así, ¿pagaríais por ello?

Lejos de acabar, el trabajo del proyecto continúa para responder a esas preguntas. Esto es, la segunda fase del mismo consiste en evaluar su funcionamiento y acogida para decidir qué hacer a continuación.

¿Cómo? Mediante analítica y métricas que después vas a evaluar para tomar decisiones, el «feedback» de los usuarios, encuestas, etc., cualquier medio que te permita conocer la evolución y aceptación del proyecto en el mercado.

Volviendo al ejemplo, «Hub de Libros», para cualquier usuario, puede parecer que es un «site» para publicar, promocionar libros, contratar servicios de publicación independiente, crear estanterías, etc., para una editorial o tienda física, puede ser un buen lugar donde colgar su catálogo de autores y libros, pero para mí, «Hub de Libros» es una máquina automatizada de generar métricas, y no hablo solo de las que pueda recoger Google Analytics o servicios similares.

¿Cuántos usuarios nuevos hay cada mes? ¿Cuántos gigs y de qué tipo se contratan? ¿Por qué esa utilidad nadie la usa? ¿Cuáles son los libros o autores más visitados? ¿De qué géneros? ¿Qué tipo de usuarios utilizan la web y desde qué tipo de dispositivos? ¿Desde dónde se conectan los visitantes? ¿Tuvo impacto aquella campaña de promoción? Y un largo etcétera tal y como describo en el capítulo de analítica.

Esto es, desde que publicas por primera vez el proyecto, tienes que decidir cómo va a evolucionar y mejorar, y esto es esencial para el éxito del mismo. En base a esa información, decides qué nueva funcionalidad añadir, o mejorar la existente o incluso eliminar esto y aquello.

Pocos proyectos aciertan a la primera, ¿quizá uno de cada mil? La imagen de éxito de cualquier proyecto estrella oculta casi siempre que para llegar a ese punto hubo antes mucha prueba y error, seguida de muchos pequeños fracasos y éxitos hasta descubrir claramente un mercado en el que funcionar bien.

Por tanto, un proyecto no termina nunca, y aunque funcione en cierta medida, su adaptabilidad y mejora continuas hará que sobreviva más o menos tiempo.

En mi caso particular como ingeniero software, a los programadores nos gusta más esa primera fase de creación inicial del producto mínimo viable, pero debemos saber que el éxito viene después de iterar una y otra vez desde el momento en que publicamos el proyecto.

Es más, quitarte el sombrero de programador y ponerte el de responsable de desarrollo de negocio, puede que no sea lo tuyo, puesto que son habilidades y roles diferentes. Esto último es lo que hace el CEO de una compañía, mejorar el impacto del proyecto en el mercado y decidir el camino técnico del mismo a seguir.

Quizá ahora se comprenda mejor por qué a pesar de lanzar proyectos buenos y útiles, no tienen éxito a medio plazo, porque no asumimos del todo que el éxito no es solo por lo técnico o tu dominio de una actividad particular, sino por el desarrollo de negocio posterior, y tan importante es lo uno como lo otro.

Tres, dos, uno...

Trabajar duro en un nuevo proyecto durante varios meses, en los que has pasado por algunos altibajos, corregido el rumbo quizá en alguna ocasión, con fines de semana completos trabajando en él y con muchas horas de planificación, documentación, investigación y enormes cantidades de ilusión, genera una excitación difícil de describir en el momento en que todo ello pasa de ser una simple idea y por fin lo conviertes en algo tangible y que se puede ver y usar (y otros usuarios lo pueden juzgar).

Es más, esa sensación de publicar tu trabajo, sea lo que sea, un nuevo repositorio en GitHub, un nuevo libro, una web de venta con tus propios productos artesanales, o un proyecto para mí tan ambicioso como «Hub de Libros», genera, por decirlo de algún modo, cierta adicción que te sirve para continuar trabajando en ese mismo proyecto o en nuevos.

También es toda una responsabilidad y me atrevo a decir que se requiere de cierto valor. ¿Funcionará en la medida en que creo? ¿Saldrá con fallos? ¿Recibiré opiniones contrarias? ¿Será un éxito?

Arrrggggghhh.

¿Quién lo sabe? Nadie.

¿Qué hay que hacer? Continuar trabajando, pero poniendo el peso en otro tipo de actividades.

¿Qué pasa con las opiniones negativas? Tan solo hay que tomarlas como posibles mejoras.

Cuando lancé mis primeros proyectos independientes al margen de mi «trabajo oficial», hace ya años, caí en todos los errores que se pueden cometer; aunque ahora comprendo que todo ello es algo absolutamente normal, me alegra comprobar que en lugar de desanimarme y abandonar el camino del emprendimiento digital, persistí, aprendí, me formé mucho mejor y no cometí el mismo error más de una vez; esto es, sigo ese modelo de trabajo como profesional.

También me ayudó comprobar que otros muchos seguían este camino y hasta contaban sus experiencias, como los libros de título «Start small, stay small: A Developer's Guide to Launching a Startup» (de Rob Walling) y «Sigue tu Pasión: Consejos para un Nuevo Tipo de Emprendedor» (de Derek Sivers).

Algunos de los proyectos que comentaba antes están integrados en Solid Stack, la compañía para la que dirijo el departamento de desarrollo; otros los hago bajo mi propia compañía (Blanes Medios y Tecnología SL) para dotarles de la estructura legal adecuada. Y otros, sencillamente, los abandoné y ahora los considero como bonitos recuerdos de formación.

¿Y ahora qué?, te preguntas tan pronto como lanzas el proyecto de forma pública.

Esa pregunta te la realizas las primeras veces que emprendes con algo propio, pensando que el proyecto funcionará por sí mismo, pero ya hemos visto a lo largo de otros capítulos, que publicar un proyecto (que no es más que la materialización de una idea) consiste en comprobar si una hipótesis funciona y esperas que el mercado la valide.

El momento de pasar de una fase a la otra es muy importante y hay que elegirlo bien y hasta con cierto equilibrio:

- No se puede trabajar eternamente en «la idea» gastando horas de trabajo y recursos económicos. Hay que validarla cuanto antes y lo más barato posible, tal y como hemos visto en el capítulo que habla sobre la metodología «lean».
- Tan pronto como publicas, el trabajo técnico (añadir funcionalidad, sea del tipo que sea) ya no acapara casi todo el tiempo.
- En la nueva fase, gran parte de las horas se dedican al marketing, en la forma de promoción, realización de campañas, atracción de tráfico, gestión y captación de clientes y usuarios, etc.

- Prevalece una gestión del proyecto más desde el punto de vista de desarrollo de negocio y la consecución de las métricas de éxito que hayas seleccionado.

En otras palabras, esa nueva fase del trabajo consiste principalmente en gestionar, delegar, definir y ejecutar los procedimientos de todo tipo que deberías tener ya identificados: de promoción, de mantenimiento, de gestión de usuarios, económicos, de comunicación, etc. De hecho, te recomiendo un libro que lancé sobre la gestión procedimental y sencilla de proyectos y de título «El Método Lean MP» aunque en el siguiente capítulo hablaremos con más detalle del concepto de «procedimentar».

Es el mismo proyecto, tu misma criatura, pero se ha hecho mayor: su fase de trabajo se transmuta de un día para otro tan pronto como lo pones a disposición de los usuarios.

Cómo lo gestiones y lo que hagas a partir de ese momento es la clave para que tenga éxito.

Yo sé que «Hub de Libros», que en el momento de escribir esto cuenta con una versión con mucha funcionalidad pero aún no tiene los objetivos que espero a medio y largo plazo, es aún un producto mínimo viable, digamos que avanzado, pero está en esa fase, y sé perfectamente que según cómo lo gestione y según los procedimientos que defina para ello, funcionará mejor o peor, antes o después. Poco a poco las visitas aumentan y nuevos usuarios se registran, incrementándose el número de libros y autores registrados, y el pago de varios «gigs» cada semana, entre otras métricas de evolución.

No en vano, y por poner un simple ejemplo, «El Libro Negro del Programador» lo publiqué en el 2014, pero no comenzó a generar ventas interesantes hasta un año más tarde. La primera opinión en Amazon no llegó hasta varios meses más tarde de lanzarlo y no fue hasta dos años más adelante cuando comenzó a aparecer regularmente como el número uno más vendido en su categoría.

No esperes que algo te catapulte al éxito por sí solo; esto requiere seguir trabajando y con mucha tenacidad; de ahí que la experiencia que tengo hasta ahora en proyectos emprendedores me haga aconsejar que te lances a algo en lo que tienes una motivación e ilusión extraordinarias, porque de no ser así, tirarás la toalla a la mínima de cambio.

En cualquier caso, sé, por su propia naturaleza, que «Hub de Libros», como todo lo que vale la pena, seguirá ese mismo camino y que exige seguir avanzando, «escuchando» las métricas y analíticas que he definido, incluso cambiando éstas, comenzado a delegar en colaboradores y gestionando todo el «feedback» posible.

La gestión de todo esto está muy lejos del alcance de este libro, aunque debes tener en cuenta que en esa nueva fase en la que entras al publicar tu trabajo, es igual de exigente que la primera.

Epílogo

Describir los aspectos clave del desarrollo de un proyecto emprendedor (como «Hub de Libros»), no es tarea fácil y es difícil tratar de desarrollar las cuestiones más importantes sin entrar en demasiado detalle técnico. Espero haberlo conseguido y que al llegar hasta aquí, tengas una mejor idea de cómo se puede lanzar un negocio (digital o no) sin dedicar más esfuerzo del necesario y al mismo tiempo, haciéndolo compatible con el resto de tus actividades.

Se puede, claro que sí, pero si sabes cómo, dirigirás mejor tus esfuerzos. Ese es el propósito de este libro.

Puesto que no es tarea trivial, para embarcarte en algo así necesitas contar con una motivación a prueba de balas, sin ella, fácilmente caerías en el desánimo tan pronto como surjan problemas e inconvenientes, y aparecerán, te lo aseguro, entre otras cosas porque nadie mantiene el ímpetu y una motivación constantes, cada día que vivimos es diferente, tenemos experiencias distintas que nos afectan, a veces para bien y otras para mal, de ahí que necesitemos aprender a seguir adelante en esos momentos de flaqueza.

Sin embargo, y si lo piensas bien, todas esas pequeñas piedras en el camino se las encuentran todos los que, como tú, quieren lanzar algo propio; la mayoría se quedan a mitad de ese mismo camino, de modo que esos obstáculos los puedes ver como «pruebas» a superar para llegar hacia donde solo arriban unos cuantos.

Los problemas y retos funcionan a modo de filtro, están ahí para confirmar o no si crees en lo que estás haciendo y para crecer y madurar, como persona y como profesional. En cierto modo, debemos convertirnos en profesionales de resolver problemas, propios y ajenos. Cuantos más problemas sepas resolver, más valorado serás.

Quizá «Hub de Libros» lo he desarrollado con «cierta comodidad» porque antes de este proyecto he realizado muchos otros y trata un ámbito que me apasiona (todo lo relacionado con el mundo del libro y la publicación) implementando ideas que ya había conceptualizado en otros proyectos anteriores.

Vemos muchos proyectos nuevos constantemente, pero no aquellos que fueron abandonados; desconozco el dato y sería imposible averiguarlo con exactitud, pero me atrevo a decir que por cada diez proyectos que se comienzan, solo uno ve la luz.

¿Por qué? Según lo que he visto en mi entorno cercano, y hasta en mí mismo y en las compañías para las que he trabajado, las causas de abandono están relacionadas siempre con no creer «lo suficiente» en el proyecto, asociarse con gente con la que después los roles y responsabilidades no están claramente definidos y por no conocer dinámicas de trabajo productivas como muchas de las expuestas en este libro, como la metodología «lean», la práctica de la mejora continua, simplicidad radical, kaizen, etc.

Comienzo a intuir y a creer de verdad lo que dicen muchos otros autores en sus libros, eso de que el emprendimiento es un camino de desarrollo personal y hasta una forma de vida.

Si se abandona un proyecto a medio camino, no pasa nada, porque la misma experiencia de haber comenzado algo y haber avanzado un poco, te permite experimentar nuevas prácticas y nuevos escenarios profesionales que te enriquecerán de algún modo. Mejor abandonar cinco proyectos o pruebas de concepto que no comenzar ninguno.

Yo he aprendido mucho de los pequeños éxitos que he tenido, pero tanto o más de los fracasos, no me cabe la menor duda. Del mismo modo, he comenzado proyectos sin demasiada convicción, pero sabiendo que me llevarían a algún sitio (aprender esto o aquello o tan solo experimentar con una idea en ciernes).

¿A dónde me llevará «Hub de Libros»? No tengo ni idea, pero para eso tengo las analíticas de forma que, poco a poco, los mismos usuarios me irán trazando el camino de lo que funciona mejor (esto es, de lo que quieren). Pero por lo pronto, ahora mismo domino mejor ciertas tecnologías, he programado, limpiado, simplificado y refactorizado código cientos de horas más, he publicado nuevos repositorios en GitHub y he vuelto a madurar una nueva matriz de procedimientos para el desarrollo del negocio, entre otras muchas cosas.

Dedicar horas a un «side project» (en el mundo anglosajón este concepto está mucho más arraigado) te permite mejorar como profesional, distinguirte, y yo diría que hasta divertirte más. A mí, por ejemplo, me ha pasado durante la etapa intensa de desarrollo de «Hub de Libros» (y en otros proyectos anteriores); mis avances en el proyecto me daban más energía y motivación para el resto de mis responsabilidades.

Un proyecto emprendedor te puede servir de base para otros: mi trabajo en «Hub de Libros» no ha sido el desarrollo ad-hoc de un proyecto en particular; he puesto unas bases que sin duda voy a reutilizar en otros, al tiempo que ha madurado ideas ya incipientes en proyectos anteriores.

Como todo proyecto, siempre se puede mejorar y se puede implementar de muchas formas diferentes, y seguramente todas estén bien, aunque para mí lo más importante es que sea fácil de mantener y de evolucionar, algo clave cuando emprendemos con la metodología «lean» en mente.

Dirijo el equipo de desarrollo de Solid Stack desde el 2012 en que abandoné un puesto fijo en una «gran multinacional»; mis inquietudes me pedían otro tipo de experiencias. Actualmente tenemos productos desplegados en varios países y trato de imponer dinámicas proactivas para que mis compañeros crezcan como profesionales. Esto es, delego todo lo posible.

Por esa misma razón veo también ciertas dinámicas que nos impiden avanzar en nuestras carreras: la del empleado acostumbrado a que le digan qué hay que hacer saltando a la responsabilidad de dirigir un proyecto, no es fácil, y también el cambio de sombrero que se produce cuando saltas de dirigir proyectos a «desarrollar el negocio», tampoco es sencillo.

Esto último es difícil para quienes estamos demasiado ligados a lo técnico, pero es imprescindible. De nada sirve un buen proyecto, una buena idea, si no has desarrollado las habilidades relacionadas de un CEO (tampoco es imprescindible hacer un máster para ello). Quizá este término esté sobrevalorado, pero ese papel no es más que el del responsable de desarrollar el negocio y dirigirlo. Ese rol lo tiene que asumir alguien, no esperes a que el proyecto, una vez publicado, funcione solo por sí mismo o por el boca a oreja, esto rara vez ocurre.

Recuerda las doce claves que has leído en este pequeño trabajo para que tu proyecto emprendedor sea un éxito.

Gracias por leer este trabajo que he realizado con tanta ilusión.

Rafael Gómez Blanes
Sevilla (España), junio de 2020
www.rafablanes.com – contact@rafablanes.com

El Autor

Empresario, desarrollador de software desde hace más años de los que me acuerdo, soy dueño de mi propia compañía (Blanes Medios y Tecnología SL), autor técnico y de varias novelas así como emprendedor digital.

Me titulé como Ingeniero Superior en Informática por la Universidad de Sevilla (España) en el año 2000. Desde entonces ha llovido mucho, he pasado por muchísimas experiencias laborales y profesionales y he visto cómo un gran número de tecnologías caían en la mayor obsolescencia mucho antes de lo previsto.

También emprendo proyectos propios de diversa naturaleza, como Picly.io, Green Kiwi Games, y, actualmente, mi proyecto estrella: www.hubdelibros.com.

Comparto mi actividad profesional y empresarial con la escritura en forma de artículos técnicos, que publico en www.rafablanes.com y en Medium, y también con la publicación de novelas bajo el seudónimo de G. Blanes (como «Patricia», «Las Trillizas y el Club de Escritura» más las que vienen en camino).

En 2014 publiqué «El Libro Negro del Programador», con una revisión en 2017, y que con frecuencia se sitúa como número uno en ventas en Amazon dentro de su categoría; en 2019 terminé «El Libro Práctico del Programador Ágil», una respuesta práctica al primero, así como «El Método Lean MP», una forma de sistematizar la implementación procedimental de negocios y actividades emprendedoras y «The Coder Habits», este último un libro tan original como divertido.

De las compañías en las que he trabajado, no muchas, a decir verdad, Telvent Energía (ahora perteneciente a la francesa Schneider Electric) marcó profundamente mi desarrollo profesional. Gracias a esa empresa, pude participar en proyectos de muchos tipos: nacionales e internacionales, de I+D+i, desarrollo de prototipos, tocando tecnologías muy diversas. Desde C++ hasta que adoptamos la primera versión de .NET framework (no más lagunas de memoria!!!). Pude trabajar programando en ocasiones durante doce horas al día y hasta fines de semana cuando los hitos apretaban. También tuve la oportunidad de participar en diversos equipos de trabajo, algunos de ellos internacionales.

Estuve desplazado en Suecia en 2006 durante año y medio en un proyecto para una compañía eléctrica, lo que me permitió ver de primera mano una cultura laboral diferente (aparte de hartame de bollitos de canela, «meat balls» y de pasar muchísimo frío). Tanto yo como mis compañeros, sufrimos muchas crisis en Gotemburgo en el proyecto para el que trabajábamos, pero las fuimos superando todas hasta atesorar una gran experiencia que ahora recordamos todos con mucho cariño. Si para progresar hay que salir de «tu zona de confort», entonces ya creo que salí de ella, y mucho en aquella época, hasta convertirse casi un hábito para mí hasta el día de hoy.

A partir de mi experiencia sueca, comencé a dirigir pequeños equipos de trabajo en los que decidía completamente la arquitectura y el diseño (y no lo digo con soberbia, todo lo contrario, ese papel viene de la mano de una gran responsabilidad), y también lo más relevante de los desarrollos. También empecé a participar en la redacción de licitaciones y a viajar a muchas partes del mundo incluidas las oficinas de Microsoft en Seattle, y también empecé a interesarme por todo lo relacionado con la cultura del «open source» y del desarrollo ágil y tratar de implantarlo en la compañía para la que trabajaba. Comenzaron mis primeras experiencias como freelance, emprendedor y como consultor externo que traté de compatibilizar fuera de mis responsabilidades laborales «oficiales».

Ya por el 2010/2011 sentía que necesitaba un cambio de rumbo total en mi carrera profesional, de modo que la oportunidad se me presentó poco después. En 2012 dirigí la creación para Telecontrol STM (compañía muy ligada al sector eléctrico en mi país) de una oficina dedicada exclusivamente al desarrollo de software, con recursos, tiempo y equipo suficiente para desarrollar la Plataforma de Telegestión IRIS, un producto que a día de hoy está funcionando con éxito en diversos países: único producto, misma versión, en distintas instalaciones con sus particularidades.

Desde entonces, toda mi actividad ha estado dedicada al desarrollo de productos (más que de proyectos que comienzan y terminan para clientes finales) y al emprendimiento de proyectos lo más escalables posible, con mayor o menor éxito, tratando de incidir en todas las buenas prácticas que detallo en este trabajo.

En 2017 decidimos realizar un proceso de re-branding y fundar una compañía de software de nombre Solid Stack en lo que era la división software de Telecontrol STM para que así no se nos ligara tanto al sector eléctrico.

Del mismo modo, en estos últimos años me han contratado para realizar algunas charlas así como para impartir seminarios relacionados con el código limpio, refactoring, software ágil, testing y auditorías de calidad de proyectos, volviendo a sorprenderme de la falta alarmante de esta cultura en entornos profesionales. También imparto «mentorías» personalizadas y de grupo, una fórmula de formación cada vez más en auge.

Puedes encontrar algunos de mis repositorios de código en github.com/gomezbl y sin ninguna duda te puedes poner en contacto conmigo en contact@rafablanes.com.

Lector incansable, practicante de yoga y de running, soy padre de dos niñas maravillosas que intento que no se interesen demasiado por el desarrollo de software...

Estoy a tu disposición en www.rafablanes.com

Bibliografía

"Code Complete: A Practical Handbook of Software Construction", de Steve McConnel.

"Código Limpio: Manual de Estilo para el Desarrollo Ágil de Software", de Robert C. Martin.

"Culture Decks Decoded: Transform your Culture into a Visible, Conscious and Tangible Assset", de Bretton Putter

"Delegación y Supervisión", de Brian Tracy.

"Imperio Digital", de Raimón Samsó.

"El Arte de Vivir con Sencillez", de Shunmyo Masuno.

"El Club de las 5 de la Mañana: Controla tus Mañanas, Impulsa tu Vida", de Robin Sharma.

"El Código del Dinero", de Raimón Samsó.

"El Código de la Manifestación", de Raimón Samsó.

"El Código del Dinero", de Raimón Samsó.

"El Emprendedor Lean", de Brant Cooper y Patrick

Vlaskovits.

"El Libro Negro del Emprendedor", de Fernando Trias de Bes.

"El Libro Negro del Programador", de Rafael Gómez Blanes.

"El Libro Práctico del Programador Ágil", de Rafael Gómez Blanes.

"El Método Lean Startup: Cómo Crear Empresas de Éxito Utilizando la Innovación Continua", de Eric Dries.

"El Método Lean MP", de Rafael Gómez Blanes.

"El Monje que Vendió su Ferrari", de Robin Sharma.

"El Poder de la Disciplina", de Rafael Gómez Blanes.

"El Poder de los Hábitos: Por Qué Hacemos lo que Hacemos en la Vida y en el Trabajo", de Charles Duhigg.

"El Principio de Sorites", de Ian Gibbs.

"Experiencia de Usuario para Lean Startups", de Laura Klein.

"La Era de los Expertos", de Raimón Samsó.

"La Mañana Milagrosa para Emprendedores", de Hal Elrod y Cameron Helrod.

"Lean Analytics: Cómo Utilizar los Datos para Crear más Rápido una Startup Mejor", de Alistair Croll.

"Lean UX", de Jeff Gothelf y Josh Seiden.

"Libertad Financiera: Los Cinco Pasos para que el Dinero Deje de ser un Problema", de Sergio Fernández.

"Los Hábitos Cotidianos de las Personas que Triunfan: ¿Eres búho, Alondra o Colibrí?", de Begoña Pueyo.

"Los 3 Árboles del Dinero", de Raimón Samsó.

"Los 7 Hábitos de la Gente Altamente Efectiva", de Stephen R. Covey.

"Mañanas Milagrosas: Los 6 hábitos que Cambiarán tu Vida antes de las 8:00", de Hal Elrod.

"Mapas Mentales", de Tony Buzan.

"Misión Emprender", de Sergio Fernández y Raimón Samsó.

"Móntatelo Por Internet: Cómo Emprender Tus Negocios Online, Ganar Dinero por Internet y Vivir La Vida Que Sueñas", de Victor Espig.

"Organízate con Eficacia", de David Allen.

"Patrones de Diseño", de Erich Gamma.

"Planifica Tu Éxito, De Aprendiz A Empresario", de Roberto Canales Mora.

"Pomodoro Technique Illustrated", de Staffan Noteberg.

"Refactoring: Improving the design of existing code", de Martin Fowler y Kent Beck.

"Running Lean: Cómo Iterar de un Plan A a un Plan que Funciona", de Ash Maurya.

"Soft Skills: The Software Developer's Life Manual", de John Sonmez.

"Start Small, Stay Small: A Developer's Guide to Launching a Startup", de Rob Walling.

"The Agile Samurai: How Agile Masters Deliver Great Software", de Jonathan Rasmusson.

"The Clean Coder: A Code of Conduct for Professional Programmer", de Robert C. Martin.

"The Coder Habits: Los #39# Hábitos del Programador Profesional", de Rafael Gómez Blanes.

"The Nature of Software Development: Keep it Simple, Keep it Valuable, Build it Piece by Piece", de Ron Jeffries.

"The Pommodoro Technique", de Francesco Cirillo.

"The Pragmatic Programmer", de Andrew Hunt.

"Vivir con Abundancia", de Sergio Fernández.

"Vivir sin Jefe", de Sergio Fernández.

"100€ startup", de Chris Guillebeau.

Otros Trabajos de Rafael Gómez Blanes

A continuación te muestro todas mis obras técnicas escritas hasta el momento. Todas las puedes adquirir en Amazon y en Google Play Books. Más información en www.rafablanes.com

El Libro Negro del Programador_

En 2014 publiqué la primera edición de El Libro Negro del Programador, con una segunda versión revisada en 2017. En ese primer trabajo, indicaba todas aquellas malas prácticas que hacen que un proyecto software termine en fracaso, desde las malas dinámicas de grupo y falta de metodología hasta por qué se produce la «deuda técnica».

En cierto modo, El Libro Práctico del Programador Ágil es la versión técnica de aquel primer libro que tan buena acogida ha tenido estos años.

El Libro Práctico del Programador Ágil_

Una introducción al ciclo completo de desarrollo de software desde un enfoque ágil. Este libro reúne las prácticas más habituales de código limpio, refactoring, principios de diseño, testing y gestión de la configuración, junto con reflexiones acerca de la naturaleza creativa y artística del software y técnicas de productividad para desarrolladores. Si te gustó El Libro Negro del Programador, en este nuevo trabajo de Rafael Gómez Blanes, encontrarás las claves esenciales para cualquier programador profesional, con decenas de ejemplos extraídos de proyectos reales en C# y Javascript. Con presentación de Aurelio Gandarillas, experto en testing y calidad de software.

El Método Lean MP

Desarrollar un proyecto emprendedor, digital o no, es

una actividad apasionante, creativa y la puerta para posicionarte como mejor profesional, mejorar tus ingresos y crecer. Pero... ¿qué ocurre una vez que has puesto tu proyecto a disposición de los usuarios? Las ventas nunca llegan solas. La gestión posterior al lanzamiento es igual o más importante que la solución, producto o servicio que ofreces. Siguiendo la metodología "lean", con el método Lean MP y su Matriz de Procedimientos, tienes una forma sencilla, práctica y ágil de gestionar, controlar y mejorar todos los aspectos de tu negocio, sin necesidad de un MBA de renombre ni de contratar a un CEO multimillonario.

Con este libro, aprenderás a responder a las siguientes preguntas: ¿Cómo gestiono y hago progresar el proyecto después de sacarlo a la luz? ¿Hay un modo de automatizar y sistematizar ese trabajo? ¿Cómo puedo conseguir que avance sin tener que dedicarle todo mi tiempo y poder delegar? ¿Se puede sistematizar la gestión de un negocio y, por tanto, sus resultados? ¿Cómo aplico la metodología "lean" para avanzar y progresar en mi proyecto emprendedor? Por el fundador de Picly.io y autor de El Libro Negro del Programador y El Libro Práctico del Programador Ágil.

Aprende a emprender

El método Lean MP

Gestiona tu proyecto emprendedor de forma sencilla, simple y eficaz mediante la Matriz de Procedimientos

RAFAEL GÓMEZ BLANES

Autor de El Libro Negro del Programador
y El Libro Práctico del Programador Ágil

Ediciones BMT

The Coder Habits: Los #39# Hábitos del Programador Profesional

Un buen programador no solo escribe código sino que, además, incorpora en su día a día rutinas, trucos y actitudes que le permiten ser más productivo, más creativo y un profesional aún mejor. Repítelas y asúmelas como algo natural hasta convertirlas en hábitos y, solo entonces, habrás dado un salto de nivel en tu carrera.

Lo único que distingue a un buen profesional de otro del

montón, son sus hábitos.

No es necesario trabajar muchas más horas, sino hacerlo con más eficacia, productividad y más concentrado. No generes software con tantos bugs sino que programa mejor con las buenas prácticas de diseño y código limpio. Adopta las 'soft-skills' necesarias para un programador. Tampoco es necesario esforzarse hasta la extenuación, sino asumir de verdad los hábitos de un programador experto y más cotizado. Y así hasta completar las treinta y nueve píldoras de sabiduría descritas en el libro que te van a llevar varios pasos más allá en tu carrera.

Comprenderás por qué hay quienes hace mucho más con menos esfuerzo, y quienes se esfuerzan mucho y consiguen poco.

En 'The Coder Habits: Los 39 hábitos del programador profesional', están descritos todos estos hábitos, entre técnicos y de otra naturaleza, que multiplicarán tus resultados y te permitirán entrar en el grupo del 10% de los mejores.

Por el autor de 'El Libro Negro del Programador' (nº1 en ventas en Amazon en su categoría), 'El Libro Práctico del Programador Ágil' y 'El Método Lean MP'.

Libro ecléctico y único en su género, 'The Coder Habits' desmuestra que no puede haber desarrollo técnico sin desarrollo personal, y que solo sumando ambas facetas, serás un gran profesional.

{The Coder Habits}

LOS #39# HÁBITOS
DEL PROGRAMADOR
PROFESIONAL

Rafael Gómez Blanes

Autor de El Libro Negro del Programador
y El Libro Práctico del Programador Ágil

Ediciones BMT

Si Te Ha Gustado Este Trabajo...

Para mí escribir un libro como este es un proyecto en sí mismo que, al igual que el resto de proyectos software que encaro, pretende ayudar un poco a los demás.

En realidad, nuestro trabajo consiste siempre en resolver problemas ayudando a otros, y, a cambio, recibimos esa energía que damos en forma de remuneración.

Te pido un favor, si en el contenido de este libro has encontrado información de utilidad, quizá inspiración para embarcarte en un nuevo proyecto y hasta mejorar tus propósitos, te agradecería que dejaras un comentario positivo (pero honesto, claro) en la plataforma donde lo hayas adquirido.

Con mucho agradecimiento porque hayas leído hasta aquí, te mando un afectuoso saludo.

www.ingramcontent.com/pod-product-compliance
Lightning Source LLC
Chambersburg PA
CBHW070651220526
45466CB00001B/386